AF185258

Impressum:

© 2019 Ulrike Jung

Layout Buchblock und Umschlag:
Angelika Fleckenstein; spotsrock.de
Umschlagbild: © elizalebedewa (Fotolia.com)
Autorenfoto Umschlagrückseite: Jan Roeder

Verlag: tredition GmbH, Hamburg

ISBN Taschenbuch: 978-3-7482-5843-8
ISBN Hardcover: 978-3-7482-5844-5
ISBN eBook: 978-3-7482-5845-2

Bibliografische Information der Deutschen Nationalbibliothek: Die Deutsche National-bibliothek verzeichnet diese Publikation in der Deutschen Nationalbibliografie; detaillierte bibliografische Daten sind im Internet über http://dnb.d-nb.de abrufbar.

Ulrike Jung

Gute Nacht, Schlafprobleme

Schlafen wie ein Bär –
           mit natürlichen Strategien

An alle Freunde und Genießer des guten Schlafes und die, die es werden wollen

Dieses Buch ist ein Plädoyer für eine neue Schlafkultur und bietet Ihnen gleichzeitig konkrete Hilfen, den besten Schlaf Ihres Lebens zu genießen.

Bereits in der Kindheit wurden wir von Eltern und anderen gutmeinenden Erwachsenen zu vermeintlich gesundem Verhalten ermahnt und das setzte sich dann später fort. Jetzt sind es Ärzte, Therapeuten oder Krankenkassen, die für gesunde Ernährung oder mehr Bewegung werben. Jedoch hört man noch selten den Aufruf: Schlafe mehr, schlafe besser, genieße den Schlaf, lebe nach deiner inneren Uhr. Zeit, das zu ändern! Denn der erholsame Schlaf sollte gleichberechtigt neben Ernährung, Bewegung und Stressmanagement für einen gesunden Lebensstil stehen.

Unserem eigenen Wohlbefinden geben wir oft zu wenig Raum, sind womöglich (insgeheim) stolz darauf, gestresst zu sein und mit wenig Schlaf auszukommen. Schließlich zeigt das: Wir sind gefragt, leistungsbereit und diszipliniert.

Warum fällt es so schwer, zur Ruhe zu kommen ohne schlechtes Gewissen? Fast alle Bereiche des Lebens sind mittlerweile vom Leistungsgedanken durchdrungen. Erreichbarkeit über die normale Arbeitszeit hinaus, schnelle Reaktionen auf Nachrichten in sozialen Medien, möglichst spannende Aktivitäten in der Freizeit und bloß kein Leerlauf. Mußezeit und Müßiggang, die Quellen der Kreativität und der Gegenpol aller Hektik gehören mittlerweile auf die rote Liste der zu schützenden Gemütszustände.

Ein guter Schläfer zu sein ist noch nichts, wofür jemand Preise gewinnt oder Anerkennung sucht oder erhält. Während Stress mittlerweile auch als Small-Talk-Thema taugt, gehört der Schlaf strikt in den Privatbereich. Die Presse immerhin nimmt sich mittlerweile häufiger des Themas an und Trendforscher haben den Schlaf als nächstes großes Lebensstilthema ausgemacht. Die Zahl der Menschen mit Schlafstörungen nimmt dennoch eher zu als ab.

Mittlerweile weiß man, dass alle biologischen Regelprozesse durch den Schlaf harmonisiert, unterstützt oder gefördert werden. In den verschiedenen Schlafphasen finden spezifische und unverzichtbare Regenerations- und Erholungsprozesse statt. Die Molekularbiologin Dr. Elizabeth Blackburn und ihr

Team (Nobelpreis für Medizin 2009) bezeichnen den Schlaf als wichtigste Anti-Aging-Waffe. Den Schlaf als Jungbrunnen für Körper und Geist zu sehen, ist also keineswegs übertrieben.

Stress, Hyperaktivität, Multitasking und gestörter Schlaf gehen häufig eine ungute Allianz ein, die sich zu einem sich verstärkenden Kreislauf entwickeln kann. Lassen Sie es nicht soweit kommen. Und wenn Sie schon in diesem Kreislauf gefangen sind, so **beginnen Sie mit kleinen Schritten**, um einzelne Aspekte zu verbessern. Bei kleinen Schritten erfordert jeder einzelne noch keine große Anstrengung. In der Summe können sie jedoch eine große Verbesserung des Schlafes, der Lebensqualität und damit Ihres Wohlbefindens bewirken. Das gilt erst recht, wenn Sie bereits die Auswirkungen der fehlenden oder gestörten Nachtruhe spüren, wenn Sie am Tage oft müde und erschöpft sind, Konzentrationsprobleme haben oder das Abnehmen nicht wie gewünscht gelingt. Wichtig ist: Verfallen Sie nicht in Aktionismus und versuchen Sie nicht, den Schlaf herbeizwingen zu wollen, denn der Schlaf kommt, wenn der Schlaf es will und wir ihn mit Gelassenheit erwarten.

Dieses Buch will Sie nicht nur informieren, sondern der Schwerpunkt liegt auf den konkreten Tipps und Anleitungen, damit Sie ins Handeln kommen. Die Links am Ende des Buches führen zu Produkten und Beratungsangeboten, die im Einzelfall hilfreich für Sie sein können. Nutzen Sie auch die Tag- und Nachtprotokolle im Anhang.

Erleben Sie Ihren Schlaf wieder als Quelle der Regeneration. Fördern Sie Ihr Schlafglück.

Schon Heinrich Heine wusste: „Schlaf ist doch die köstlichste Erfindung".

Was können Sie tun, um endlich wieder erholsamen Schlaf zu genießen und frisch, erholt und energiegeladen in den Tag zu starten?

Drei Schritte führen zu Ihrem Ziel:

Der erste Schritt – Wissen

Sie lernen das Phänomen Schlaf und das, was ihn stören kann, besser kennen. Wie schlafen wir und was geschieht während der Nacht? Wie viel Schlaf ist gesund? Welche Zusammenhänge bestehen zwischen dem Schlaf und den anderen Lebensstilbereichen, wie Ernährung, Bewegung und Stressmanagement. Welche Mythen, die uns nur behindern, gilt es zu entzaubern.

Der zweite Schritt – Experte in eigener Sache werden

Sie verschaffen sich einen Überblick über Ihren eigenen Schlaf, werfen einen Blick auf Ihre Gewohnheiten und versuchen, die allgemeinen Zusammenhänge zwischen dem Schlaf und den anderen Lebensstilbereichen auf Ihr Leben zu übertragen. Der Schlaf ist Teil Ihres gesamten Lebensstils und kann deshalb nicht isoliert betrachtet werden. Einige Voraussetzungen für guten Schlaf müssen wir schon am Tage schaffen. In dieser Phase führen Sie ein Schlafprotokoll und eine Tageschronik (s. Anhang). So haben Sie eine gute Ausgangsbasis, von der aus Sie Ihr großes Ziel: „Wieder erholsam schlafen" und Zwischenziele bestimmen können. Denn wie bei einem Navigationssystem muss man seine Startposition kennen, um das Ziel zu bestimmen. Außerdem können Sie durch die Journalführung auch schon erkennen, bei welchen Routinen oder schlechten Gewohnheiten Sie ansetzen können.

Der dritte Schritt – Natürliche Strategien umsetzen

Sie setzen die praxiserprobten Strategien für Tag und Nacht ein, die genau zu Ihrer Situation, Ihrem Chronotyp und Ihrem individuellen Problem passen. Nicht alle Tipps und Empfehlungen führen bei allen Menschen mit Schlafstörungen gleichermaßen zum Ziel. Deshalb ist auch das Lesen von Büchern oder Internet-Beiträgen meist nicht ausreichend, um die Strategien zu finden und umzusetzen, die Ihnen persönlich den größten Nutzen bringen.

Ideal ist es, wenn Sie bei allen drei Schritten Unterstützung erhalten von einem geschulten Berater oder Coach.

Bevor Sie jetzt weiterlesen: Wollen Sie wirklich Ihren Schlaf und Ihre Vitalität verbessern und sind Sie bereit, dafür schrittweise kleine Veränderungen Ihres Lebensstils vorzunehmen? Die positive Beantwortung dieser Frage ist wichtig für Ihre Motivation und auch eine gewisse Ausdauer bei der Umsetzung. Nur durch Lesen oder Absichten ändert sich noch nichts, erst aktives Handeln führt zum Erfolg.

Ich verspreche Ihnen, jeder kleine Schritt lohnt sich! Sie werden nicht nur die Freude auf den Schlaf wiederentdecken, auch Wohlbefinden und Leistungsfähigkeit am Tage lassen sich deutlich steigern. Lassen Sie Gedankenschleifen wie „Heute muss ich aber ausreichend schlafen, damit ich morgen fit bin" oder „Hoffentlich kann ich heute gut schlafen, weil morgen so ein anstrengender Tag ist" hinter sich. Machen Sie Ihr Bett und Schlafzimmer wieder zu einem Wohlfühlort, auf den Sie sich freuen und genießen Sie den Schlaf und Jungbrunnen Ihres Lebens.

Der Weg zum erholsamen Schlaf und mehr Vitalität am Tage

Schritt eins – Was Sie über den Schlaf wissen sollten

Was ist Schlaf überhaupt und wie ticken unsere inneren Uhren?

Obwohl wir fast ein Drittel unseres Lebens im Schlaf verbringen, mehr Zeit als wir dem Essen, Trinken, Spielen, Lieben und Lesen zusammen widmen, ist unser Wissen über den Schlaf nach wie vor unvollkommen.

In Europa betrachtete man den Schlaf lange als „kleinen Bruder des Todes". Nun war der Tod in unserer Kultur schon immer schlecht beleumundet, was nicht unwesentlich zum dürftigen Ansehen des Schlafs und dem späten Erwachen des wissenschaftlichen Interesses beigetragen hat. Erst durch die Entdeckung der Elektroenzephalografie (EEG) in den 1930er Jahren wurde es möglich, die Aktivitäten des Gehirns zu messen und Hirnstromkurven aufzuzeichnen. Seitdem weiß man, dass der Schlaf keineswegs ein passiver, gleichmäßiger Ruhezustand ist, sondern eine aktive Leistung des Organismus zur Erholung und Regeneration. Diese Leistung brauchen wir dringend, um gesund und leistungsfähig zu bleiben.

Die noch junge Wissenschaft der Chronobiologie befasst sich mit den biologischen Rhythmen aller Lebewesen. Biologische Rhythmen und Schlaf gehören zusammen, denn Schlafen und Wachen sind voneinander abhängige Prozesse. Nicht nur der Zeitpunkt von Einschlafen und Aufwachen, sondern auch die Schlafstadienstruktur hängen von unseren inneren Uhren ab. Rhythmen, die sich alle 24 Stunden wiederholen, nennt man zirkadian. Der augenscheinlichste zirkadiane Rhythmus ist das Schlaf-Wach-Verhalten.

Der Mensch ist ein tagaktives Wesen und die inneren Uhren reagieren auf sogenannte Zeitgeber. Dieser Begriff wurde 1951 von Prof. Jürgen Aschoff geprägt und wird international in der deutschen Schreibweise verwendet. Der Zeitgeber Licht zum Beispiel gibt den Anstoß zu Serotonin- und Melatoninproduktion. Licht zur falschen Zeit kann die inneren Uhren irritieren. Hier sollte man korrigierend eingreifen. Wie, wann und für wen das sinnvoll ist, lesen Sie im Strategieteil unter Schritt 3. Weitere Zeitgeber sind Mahlzeiten, Körper- und Außentemperatur und soziale Kontakte.

Von Eulen und Lerchen

Neben den Zeitgebern, die eher von außen wirken, gehört jeder Mensch einem bestimmten Chronotypus an. Dieser ist genetisch vorgegeben und ändert sich leicht über die Lebensspanne. Eltern wundern sich oft, dass ihre pubertierenden Teenager morgens nicht mehr aus dem Bett finden. Das ist eine normale chronobiologische Entwicklung in diesem Alter und verliert sich wieder.

Etwa 60 % der Europäer gehören zum Spättyp „Eule". Insbesondere stark ausgeprägte Eulen haben mit den Anforderungen der Arbeitswelt oft Probleme.
Der frühe Arbeits- oder Schulbeginn widerspricht ihren Chronorhythmen. Dafür tun sich Eulen bei der Gewöhnung an Schicht- und Nachtdienste leichter.

„Lerchen", die frühmorgens fidel aus dem Bett springen, haben kein Problem mit einem frühen Arbeitsbeginn und werden deshalb gerne als besonders fleißig gelobt. Die Wertschätzung des frühen Aufstehens bringt der Volksmund in Sprichwörtern zum Ausdruck wie: „Der frühe Vogel fängt den Wurm" oder „Morgenstund hat Gold im Mund". Spättypen, die morgens eine gewisse Anlaufzeit brauchen, dafür aber am Abend in Hochform sind, werden gerne geschmäht durch Aussagen wie: „Am Abend wird der Faule fleißig". Dabei hat die chronobiologische Ausrichtung nichts mit Fleiß oder Faulheit zu tun. Ein schönes Ziel der Arbeitswelt von morgen könnte sein, dem jeweiligen Chronotyp bei der Arbeitszeitgestaltung stärker Rechnung zu tragen.

Ausgeprägte Früh- und Spättypen sind weniger häufig anzutreffen. Ein großer Teil der Bevölkerung hat sich mehr oder weniger an die gesellschaftlichen Anforderungen angepasst. Die Grundausrichtung zur Eule oder Lerche bleibt jedoch erhalten. Um das eigene Schlafverhalten und mögliche Störungen besser einordnen zu können, sollten Sie Ihren Chronotyp kennen. Im Anhang finden Sie einen Fragebogen dazu.

Eine Reise durch die Nacht

Der gesunde Schlafverlauf des Menschen ist gut organisiert durch eine Abfolge verschiedener Schlafstadien, insgesamt sind es fünf.

Das Einschlafstadium ist der Übergang zwischen Wachen und Schlafen. Die Alpha-Rhythmen des wachen Gehirns werden allmählich durch langsamere kleine Theta-Wellen ersetzt. Kurze abrupte Muskelzuckungen, oder das Gefühl zu fallen, sind normal in diesem Stadium. (10 % der Nacht)

Im Stadium zwei, dem Leichtschlaf, der ungefähr die Hälfte der Nachtruhe ausmacht, ist der Muskeltonus verringert, wir sind aber noch leicht weckbar.

Im Stadium drei und vier sinken wir in den Tiefschlaf, der etwa 20 % der Nacht ausmacht. Der Blutdruck fällt ab, Atmung und Herzschlag werden langsamer und die Körperkerntemperatur sinkt ab. Alle Körperfunktionen laufen auf Sparflamme und sind auf Regeneration eingestellt. Insbesondere der Tiefschlaf macht den Schlaf zu einem wahren Jungbrunnen.

Im Tiefschlaf wird das für Zellreparatur, Zellerneuerung, Muskelaufbau und das Immunsystem unentbehrliche Wachstumshormon Somatropin im Hypophysenvorderlappen gebildet. Über das Glymphatische System werden Giftstoffe des Hirnstoffwechsels abtransportiert.

Der Tiefschlaf ist wichtig für unser <u>deklaratives Gedächtnis,</u> das heißt, bewusste Lerninhalte werden geordnet, in das Langzeitgedächtnis überführt oder gelöscht. (Vokabeln, Matheaufgaben)

Auf den Tiefschlaf folgt der <u>REM-Schlaf</u>, der durch schnelle Augenbewegungen gekennzeichnet ist (<u>R</u>apid-<u>E</u>ye-<u>M</u>ovement) und etwa 20–25 % der Nacht beansprucht. Er ist der aktivste Teil des Schlafes und Hüter unserer Träume. Im REM-Schlaf wird unser <u>prozedurales</u> Gedächtnis verbessert. Das heißt, motorische Abläufe, wie Klavierspielen oder Sport, werden gefestigt. Wichtig, nicht nur für Sportler.

Wir regenerieren im Schlaf Geist und Körper und konsolidieren gleichzeitig unser Wissen. Der Begriff „Lernen im Schlaf" ist deshalb berechtigt. Verschiedene Schlafphasen festigen unterschiedliche Gedächtnisinhalte.

Zeichnet man den Schlaf im Schlaflabor durch eine Polysomnografie auf, so ergibt sich ein typisches treppenartiges Diagramm. Ein kompletter Schlafzyklus über alle fünf Schlafphasen dauert etwa 90 Minuten, wobei in der ersten Nachthälfte die Tiefschlafphasen ausgedehnter sind. Die erste Nachthälfte muss nicht zwangsläufig vor Mitternacht liegen (Achtung: Mythos). Das hängt eher davon ab, ob Sie der Frühtyp (Lerche) oder der Spättyp (Eule) sind

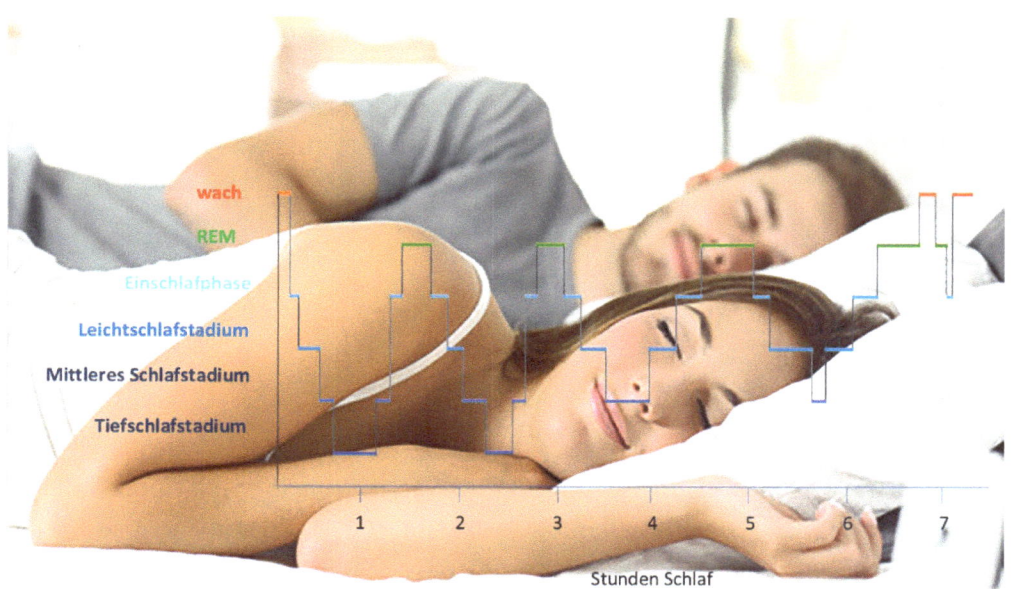

Die Rolle der Botenstoffe

Melatonin könnte man auch als den biologischen Sandmann bezeichnen. Die Ausschüttung des in der Zirbeldrüse gebildeten Hormons wird durch unsere inneren Uhren mit Einbruch der Dunkelheit angestoßen. Die Wirkung des Melatonins geht jedoch über die Schlafförderung hinaus, da Melatonin auch als wirksamer Radikalenfänger gilt und die Energieproduktion (Adenosintriphospohat = ATP) in den Mitochondrien stärkt. Für die Melatoninproduktion ist nicht nur die Dunkelheit, sondern auch die Bildung von Serotonin, einer Vorstufe des Melatonins, am Tage verantwortlich. Die Bildung dieses Wohlfühlhormons wird angeregt durch genügend Tageslicht, Bewegung und ausgewogene Ernährung.

Die Ausbalancierung der beiden Kombattanten Leptin (Sättigung) und Ghrelin (Hunger) ist essenziell, um nächtliche Kühlschrankexursionen zu vermeiden. Während des gesunden Schlafes sorgt ein hoher Leptinspiegel dafür, dass wir nicht vor Hunger aufwachen. Beim gestörten Schlaf mit längeren nächtlichen Wachphasen kann das Ghrelin leicht die Oberhand gewinnen und signalisiert Hunger.

Gegen Morgen, wenn die Melatoninproduktion abnimmt, startet der Körper die Ausschüttung von Cortisol, um den Organismus auf den Tag vorzubereiten.

Cortisol wird oft nur in Verbindung mit Stress gesehen. Wir brauchen jedoch Cortisol und in der Früh hilft es uns, wach und aktiv zu werden. Ein hoher Cortisolspiegel am Morgen ist deshalb normal. Problematisch ist nur ein zu viel davon zur falschen Zeit.

So sorgen die von den inneren Uhren gesteuerten Organe und Drüsen Tag für Tag und Nacht für Nacht für ineinandergreifende physiologische Abläufe. Wenn diese ideal funktionieren, werden sie von uns nicht bewusst registriert.

Wie viel Schlaf ist gesund?

Es gibt keine Normdaten zur Dauer des gesunden Schlafes. Das mag alle beruhigen, die sich wegen ihrer Schlafdauer Sorgen machen. Auf der anderen Seite bedeutet dies, dass jeder selbst herausfinden muss, welche Schlafdauer für ihn angemessen ist. Wenn Sie sich morgens erholt und erfrischt fühlen, ist dies ein eindeutiges Zeichen dafür, dass die Schlafdauer und auch Schlafqualität für Sie gut war.

Die Schlafdauer wird durch mehrere Faktoren beeinflusst: Gene, Alter, Gesundheitszustand und Gewohnheiten. Laut Professor Jürgen Zulley, dem Regensburger Schlafforscher, sind fünf Stunden das Minimum der täglichen Schlafzeit. Die Deutschen schlafen nach einer Untersuchung des Robert-Koch-Institutes im Schnitt 7 Stunden und 15 Minuten und liegen damit im europäischen Mittelfeld.

Die Liste der prominenten Lang- und Kurzschläfer dürfte etwa gleich lang sein und Beispiele enormer Schaffenskraft gab es hier wie dort, von Thomas A. Edison (2 Stunden) über Napoleon (4 Stunden) bis zu Albert Einstein (10 Stunden), wobei bei den extremen Kurzschläfern auch von Tagesschlaf-Episoden berichtet wird und ein Langschläfer nicht alleine deshalb zum Genie wird.

Eine über 8 oder 9 Stunden hinausgehende Schlafdauer bringt bei den meisten Menschen nicht automatisch mehr Regeneration, Erholung oder Leistungsfähigkeit. Das lange Ausschlafen am Wochenende resultiert daher oft in Einschlafschwierigkeiten am Sonntagabend und weniger erholsamem Schlaf in der Nacht zum Montag.

Mit zunehmendem Alter ändern sich sowohl Schlafbedürfnis wie Schlafqualität. Ältere Menschen haben weniger Tiefschlaf und wachen häufiger auf, neigen aber eher zu kürzeren oder längeren Nickerchen am Tage. Für ältere Menschen ist es daher von Bedeutung, altersbedingte physiologische Schlafveränderungen von krankheitsbedingten Schlafstörungen zu unterscheiden, die aufgrund organischer oder psychischer Leiden auftreten können.

Wichtiger als die Schlafdauer ist die Schlafqualität, also die Abfolge der verschiedenen Schlafstadien, damit der Schlaf seine regenerativen Kräfte wirklich entfalten kann.

Eine Allianz: Schlaf – Stoffwechsel – Zellgesundheit

Erholsamer Schlaf, ein aktiver Stoffwechsel und Zellen, die in ihren zelleigenen Kraftwerken, den Mitochondrien, genügend Energie produzieren, kann man durchaus als Allianz sehen, in positiver wie in negativer Hinsicht. Häufig werden aber diese Zusammenhänge nicht beachtet, wenn zum Beispiel ein vordergründiges Problem, wie eine Abnehmblockade, Energiemangel, chronische Müdigkeit oder Stoffwechselprobleme angegangen werden sollen. Schlafmangel vermindert die Insulinsensitivität und führt zu einem niedrigeren Leptinspiegel, was das Risiko für Übergewicht und Diabetes erhöht. Übergewicht fördert die Schlafapnoe (häufige nächtliche Atemaussetzer), die wiederum durch den gestörten Schlaf das Abnehmen erschwert und das Risiko für Herz- Kreislauferkrankungen erhöht.

Zu wenig Schlaf schwächt das Immunsystem und beeinträchtigt die Mitochondrienfunktion. Im Schlaf sind diese Zellkraftwerke besonders aktiv und sorgen unter anderem für die nächtliche Zellregeneration und den Abtransport von Abfallprodukten des Hirnstoffwechsels über das glymphatische System.

Nächtliche Störenfriede: Lärm – Zähneknirschen – Licht

Der Schlaf ist ein Sensibelchen und die Störenfriede sind zahlreich. „Gott schenke uns Ohrenlider" bat schon Kurt Tucholsky. Leider haben wir immer noch keine körpereigene Vorrichtung, um die Ohren zu verschließen und sind dem Lärm ausgeliefert. Schnarcher können Lautstärken bis zu 90 Dezibel erzeugen. Wenn mit dem Schnarchen keine Atemaussetzer verbunden sind, stört der Krach vor allem den Bettpartner. Bei vorliegenden Risikofaktoren (zum Beispiel Übergewicht) kann ein Schlafapnoescreening zeigen, ob bedrohliche Atemstillstände vorliegen. Dies ist dann ein Fall für das Schlaflabor.

Auch Lärm von außen (Straße, Bahntrasse, Nachbarn) stört den Schlaf. Nächtliches Zähneknirschen wird oft erst bemerkt, wenn bereits Schäden an den Zähnen aufgetreten sind. Die Ursache ist meistens mangelhaftes Stressmanagement mit ständiger Anspannung, und so beißt man auch im Schlaf die Zähne zusammen.

Zu viel Licht im Schlafzimmer behindert die Melatoninproduktion. Deshalb sollte das Schlafzimmer nicht nur ruhig, sondern auch gut abzudunkeln sein.

Feinde der erholsamen Nachtruhe, wie Lärm, Schmerzen oder Licht sind leicht zu identifizieren. Andere Widersacher kommen gut getarnt daher und ihre Wirkung auf unsere Schlafqualität ist nicht sofort erkennbar. Dazu gehören Bett- und Schlafraumausstattung, Ernährungsgewohnheiten, Bewegungsmangel, ein Lebensstil gegen die eigenen chronobiologischen Rhythmen, der Umgang mit elektronischen Geräten am Abend oder die Vernachlässigung der Schlafhygiene.

Schlafstörungen mit Krankheitswert

Im Bereich des physiologisch gesunden Schlafs, der zeitweilig gestört oder durch Ihren Lebensstil beeinträchtigt ist, können und sollten Sie selbst tätig werden. Wenn Ihre Schlafstörung jedoch durch eine Erkrankung verursacht wurde, länger als drei Monate andauert und durch natürliche Strategien nicht behoben werden kann, ist es Zeit, einen somnologisch versierten Arzt zu konsultieren. Nicht immer ist es leicht, zwischen Schlafstörungen, die noch in den eigenen Bereich der Gesundheitskompetenz fallen und solchen, die Krankheitswert haben, zu unterscheiden. Im Zweifelsfall vertrauen Sie sich also lieber zu früh als zu spät einem Experten an.

Bedenken Sie aber auch: Die ständige Sorge um den Schlaf ist eines der größten Hindernisse für den erholsamen Schlaf. Gelassenheit ist also angesagt.

Es gibt eine ganze Reihe von Schlafstörungen, die von einem spezialisierten Arzt diagnostisch abgeklärt und behandelt werden sollten. Anhand der internationalen Klassifikation der Schlafstörungen (ICSD-3 – International Classification of Sleep Disorder) gibt es etwa 80–100 Schlafstörungen mit Krankheitswert, die in sechs Hauptkategorien eingeteilt werden:

1. Insomnien
2. Schlafbezogene Atmungsstörungen
3. Hypersomnien zentralvenösen Ursprungs
4. Zirkadiane Schlaf-Wach-Rhythmusstörungen
5. Parasomnien
6. Schlafbezogene Bewegungsstörungen (z. B. Restless legs)

Eine gute Übersicht und ausführliche Beschreibungen zu den Kategorien findet der wissenschaftlich Interessierte in der S3-Leitlinie: „Nicht erholsamer Schlaf" (157 Seiten), die auf der Seite der Deutschen Gesellschaft für Schlafmedizin (DGSM) öffentlich eingesehen und heruntergeladen werden kann.

Wenn nachts die Luft wegbleibt

Zu den häufigen Schlafstörungen mit Krankheitswert zählt die Schlafapnoe. Der Begriff stammt aus dem Griechischen und bedeutet Windstille. Apnoen oder Atemaussetzer entstehen, weil die Zungengrundmuskulatur erschlafft, nach unten sinkt und den Luftweg einengt. Hinzu kommen Fetteinlagerungen am Hals, die die Einengung der Luftwege verstärken. In leichten Fällen äußert sich der Luftmangel durch Schnarchen. Wenn jedoch die Luftzufuhr teilweise oder ganz unterbrochen wird, kommt es zur Hypopnoe oder zur Schlafapnoe. Etwa zwei Drittel der von Schlafapnoe betroffenen Menschen sind überge-wichtig. Wenn weitere Faktoren, wie Bluthochdruck, Diabetes oder Fettstoff-wechselstörungen hinzukommen, erhöht sich das Risiko für eine obstruktive (obstruktiv meint „verschließend") Schlafapnoe (OSAS). Alle Faktoren ver-stärken sich gegenseitig.

Etwa ein Drittel der unbehandelten Schnarcher entwickelt im Laufe des Le-bens ein obstruktives Schlafapnoe-Syndrom. Die Atemaussetzer, die mehrere hunderte Male pro Nacht auftreten können, verursachen einen akuten Sau-erstoffmangel im Organismus. Wenn die Sauerstoffsättigung des Blutes stark abfällt, kommt es zu einer Kaskade von Alarmreaktionen mit dem Ziel, die

Sauerstoffversorgung der Zellen wiederherzustellen. Der Sympathikus arbeitet auf Hochtouren, wo im Schlaf eigentlich der Parasympathikus für Entspannung und Regeneration sorgen sollte. Jeder Atemaussetzer führt zu einer Weckreaktion und zerstört die Schlafarchitektur. Tagesmüdigkeit, Leistungsabfall, Bluthochdruck und Libidoverlust sind wichtige Hinweise auf den nächtlichen Kampf um die Atemluft. Bei begründetem Verdacht auf eine Schlafapnoe sollten Sie Ihren Arzt aufsuchen, der Sie im Bedarfsfall an einen somnologisch tätigen Facharzt oder an ein Schlaflabor überweist.

Die übliche Behandlung der Schlafapnoe ist die nächtliche Überdruck- oder Ventilationsbehandlung (nCPAP), die lebenslang angewendet werden muss.

Sie haben auf den vorhergehenden Seiten einiges Wichtige über den Schlaf, chronobiologische Zusammenhänge, die Wechselbeziehungen zwischen Schlaf und anderen Lebensstilbereichen, die Störenfriede und Schlafstörungen erfahren. Am Ende dieses Buches finden Sie Links, unter denen Sie weitere Informationen abrufen können. Nun ist der richtige Zeitpunkt, dass Sie Ihren eigenen Schlaf besser kennenlernen und den zweiten Schritt auf dem Wege zu Ihrem besten Schlaf tun.

Schritt zwei – Experte in eigener Sache werden

Verschaffen Sie sich mehr Klarheit über Ihren eigenen Schlaf und Ihre täglichen Gewohnheiten. Dieser Schritt erfordert etwas Engagement und Disziplin, denn ohne schriftliche Aufzeichnungen geht es nicht. Vor allem sollten die Aufzeichnungen immer am selben Tag erledigt werden, denn zu gerne spielt uns das Gedächtnis einen Streich. So wird zum Beispiel die Einschätzung Ihrer Befindlichkeit nach dem Erwachen schnell von Tageseindrücken überlagert. Deshalb erledigen Sie Ihre Eintragungen möglichst sofort, um den Moment festzuhalten.

Führen Sie eine Tageschronik und ein Schlaftagebuch

Um etwas zu verändern, ist es sinnvoll, den Ist-Zustand, also den Ausgangs-punkt, genau zu kennen. Das Tagebuch ist – genauer gesagt – ein Tag-/Nachtjournal. Der Mensch ist ein tagaktives Wesen. Das Tag- und Nachtleben muss also immer als ein Ganzes gesehen werden. Nutzen Sie für die Nacht Ihr **Schlaftagebuch**, das nach den Vorgaben der Deutschen Gesellschaft für Schlafforschung und Schlafmedizin (DGSM) gestaltet ist (Anhang). Die Papier-form wurde mit Absicht gewählt, damit Sie die Eintragungen im Schlafzimmer ohne PC-Einsatz erledigen können. Schließlich ist die Arbeit am PC/Tab-let/Smartphone kurz vor dem Zubettgehen nicht schlaffördernd.

Für Ihre **Tageschronik** verwenden Sie einfach das Medium, das Ihnen am meisten liegt und das für Eintragungen gut verfügbar ist. Um den Eintragun-gen größere Bedeutung zu verleihen und daraus vielleicht ein kleines Ritual zu machen, eignet sich ein schön gestaltetes Notizbuch, das Sie durch den Tag begleitet.

Sie können sich auch die Musterseiten aus dem Anhang ausdrucken, wenn Sie dieses Buch als E-Book lesen und daraus eine Mappe mit einem anspre-chenden Titelblatt gestalten.

> Als Bonus für meine LeserInnen halte ich die Tagebücher als PDF zum Download auf meiner Webseite bereit. Den Link finden Sie im Anhang.

Berücksichtigen Sie folgende Aspekte Ihres Lebens in der Tageschronik:

Sonnen-/Tageslichtexposition – wann und wie lange

Bewegung – wann und wie lange

Abendessen – wann und was (im Kreis der Familie oder alleine vor dem Fern-seher)

Passive Bildschirmzeit in Stunden, dies ist die Zeit vor dem Bildschirm oder Fernseher, die nicht zur Arbeit gehört und wo Sie nicht aktiv sind, also Videos anschauen, Facebook checken, Tweets lesen usw.

Gab es Stresssituationen, und wie fühlten Sie sich dabei?

Letzter Bildschirmkontakt vor dem Schlafengehen (Uhrzeit).

Notieren Sie am Abend, was unerledigt blieb und was Sie am nächsten Tag unbedingt tun wollen oder müssen. So bekommen Sie den Kopf frei und müssen nicht ständig an unerledigte Dinge denken.

Schon während Sie Ihre Tageschronik führen, werden Sie wertvolle Hinweise erhalten, wo Sie etwas verändern können, um besser nach Ihrem eigenen biologischen Rhythmus zu leben und damit Ihre Schlaf- und Lebensqualität zu verbessern. Manche Routinen sind uns nicht mehr bewusst, erst durch das Aufschreiben rücken sie wieder ins Bewusstsein und können dann auch verändert werden.

Wenn Sie die Vermutung haben, nachts zu schnarchen, als Single-Schläfer aber dazu keine Rückmeldung erhalten, so können Sie ausnahmsweise in einer Nacht Ihr Smartphone als Aufzeichnungsgerät nutzen.

Führen Sie Ihre Tageschronik und Ihr Schlaftagebuch mindestens über einen Zeitraum von vierzehn Tagen, also über zwei Arbeitswochen und zwei Wochenenden. Da die Tagebücher Ihr normales Leben spiegeln sollen, sind der Urlaub oder mehrere Feiertage dafür nicht geeignet. Viele Menschen, die zuvor der Meinung waren, zu wenig zu schlafen, oder über gravierende Einschlafstörungen berichteten, waren ganz erstaunt, wenn das Schlaftagebuch diese Selbsteinschätzung nicht in vollem Umfang bestätigte. Diese Erkenntnis kann häufig schon die Sorge um den Schlaf reduzieren und alleine dadurch die Schlafqualität verbessern.

Schritt drei – Natürliche Strategien für erholsamen Schlaf

Sie haben über Ihre Tages- und Nachtchronik nun einen guten Überblick über Ihre Gewohnheiten am Tage und Ihre Schlaflänge und Schlafqualität. Häufig zeigt sich dabei schon deutlich, wo Sie etwas verändern sollten und Sie können entscheiden, ob und wie Sie Veränderungen als Experte in eigener Sache angehen wollen, oder den Rat und die Unterstützung eines Gesundheits- oder Schlafexperten benötigen. Auch für das Gespräch mit Ihrem Schlafexperten oder Schlafberater liefern Ihre Tagebücher wertvolle Hinweise.

Gehen Sie in aller Ruhe die praxiserprobten Strategien in diesem Buch durch. Bei einigen werden Sie vermutlich nicken, weil Sie diese Strategie ohnehin schon anwenden. Wenn diese Maßnahmen jedoch noch nicht zum gewünschten Erfolg geführt haben, suchen Sie sich die Strategie oder das Ritual aus, wo Sie spontan wissen, das passt und das kann ich gut in meinen Tages- bzw. Nachtablauf integrieren. Und dann beginnen Sie bitte gleich, denn **jede Nacht ohne Ihren bestmöglichen Schlaf beeinträchtigt Ihre Lebensqualität**.

Nachdem Sie den ersten kleinen Schritt gegangen sind – vielleicht wagen Sie auch gleich zwei Schritte – dann lassen Sie es nicht dabei bewenden.

Ihr Ziel ist es, wieder gut zu schlafen und den Tag frisch und ausgeruht zu beginnen. Dann beginnen Sie jetzt.

Der Tag macht die Nacht und umgekehrt

Das Fundament für einen erholsamen Nachtschlaf wird bereits nach dem Aufstehen und während des Tages gelegt, nicht erst mit dem Zubettgehen. Die natürlichen Strategien beginnen deshalb auch am Morgen.

Wie beginnen Sie Ihren Tag?

- Noch im Bett bereits die Nachrichten auf dem Smartphone checken und womöglich erste E-Mails bearbeiten?
- Im Stehen eine schnelle Tasse Kaffee oder Tee trinken?
- Unterwegs eine Semmel vom Imbissstand mit einer Tasse Kaffee–to-go in Eile verschlingen?

Denken Sie, dass das ein gelungener Start in den Tag ist? Ihre Antwort ist jetzt vielleicht: Aber die Zeit ist knapp, die Kinder müssen zur Schule und ich muss pünktlich bei der Arbeit sein.

Aber auch bei einem engen Zeitkorsett ist es möglich, durch kleine Veränderungen und mehr Achtsamkeit große Verbesserungen zu erzielen, nicht nur für den Schlaf, sondern auch für die Lebensqualität.

Natürliche Strategien für den Morgen und den Tag

Helligkeit und Sonne tanken

Die Tageshelligkeit bringt Ihren zirkadianen Rhythmus in Schwung und kurbelt den Stoffwechsel an. Das Licht fördert die Ausschüttung des „Wohlfühlhormons" Serotonin. Serotonin ist nicht nur für die gute Stimmung zuständig, es bildet auch die Vorstufe von Melatonin, das wir abends wieder zum Einschlafen brauchen. Besonders für Menschen vom Chronotyp „Eule" ist helles Licht am Morgen wichtig, um schneller in die Tagesrhythmik zu finden.

Im Herbst und Winter, wenn wir bei Dunkelheit aus dem Haus gehen und im Dunkeln zurückkommen, können wir der Serotoninausschüttung etwas nachhelfen. Frühstücken Sie zum Beispiel mit einer speziellen Tageslichtlampe. Bei 10.000 Lux reicht eine „Lichtzeit" von 30 Minuten.
Aber auch in der hellen Jahreszeit ist der Gang zur Garage nicht ausreichend, um genügend Licht für einen wachen Start in den Tag zu bekommen, zumal die Beleuchtung am Arbeitsplatz auch oft unzureichend ist. In Großraumbüros sind zum Beispiel nach dem Bundesarbeitsschutz-Gesetz 1.000 Lux vorgeschrieben. Selbst an einem wolkigen Wintertag erzeugt die verdeckte Sonne noch etwa 1.500 Lux, also immer noch mehr als eine optimierte normale Innenraumbeleuchtung.

Versuchen Sie deshalb, zumindest bei schönem Wetter, Ihre Tageslichtdosis am Morgen zu erhöhen durch:

- Frühstück im Garten oder auf dem Balkon

- Einen kurzen Spaziergang (mit dem Hund, zu Bus oder Bahn)

- Fahrt mit dem Fahrrad zur Arbeit

Kreislauf ankurbeln

Strecken und dehnen Sie sich noch im Bett wie eine Katze, dann folgt nach dem Aufstehen eine Bürstenmassage mit anschließenden Wechselduschen. Schließen Sie mit kalt ab. Den kalten Wasserstrahl an den Körper zu lassen, kostet zwar etwas Überwindung, die Belohnung ist jedoch ein unvergleichliches Frischegefühl.

Genussvoll frühstücken

Nach der Fastenphase während der Nacht braucht der Körper und vor allem das Gehirn frische Energie. Wenn Sie morgens noch keinen großen Appetit haben, so verschieben Sie das eigentliche Frühstück ruhig auf etwas später, wenn dies mit Ihrer Arbeit kompatibel ist und essen Sie nur einen Müsliriegel oder eine andere Kleinigkeit. Tun Sie dies aber in Ruhe und nicht im Stehen. Nicht zu empfehlen ist der Imbissstand oder generell das Essen unterwegs, während Sie in Bewegung sind. Besonders „Eulen" haben eher wenig Appetit in der Früh und müssen sich deshalb nicht zu einem ausgiebigen Frühstück zwingen.

Lassen Sie Ihren Start in den Tag nicht von scheinbaren Dringlichkeiten anderer bestimmen

Für viele Menschen ist der morgendliche Griff zum Smartphone, möglichst noch vor dem Aufstehen, fast schon ein Reflex. Ihr Cortisolspiegel ist früh am Morgen ohnehin natürlicherweise besonders hoch. Treiben Sie ihn nicht noch weiter in die Höhe durch Lesen von stressigen Nachrichten und den Druck, sofort reagieren zu müssen. Idealerweise liegt Ihr Telefon nachts ohnehin nicht im Schlafzimmer. Verlängern Sie täglich die Zeit um einige Minuten bevor Sie nach dem Aufwachen Ihre Nachrichten checken. 15 Minuten am ersten Tag sind ein guter Anfang. Das Ziel sollte sein, den ersten Nachrichtencheck erst nach dem Frühstück durchzuführen, wenn Sie ganz und gar im neuen Tag angekommen sind.

Bewegung

Begrüßen Sie den Tag mit etwas Bewegung, am besten im Freien oder vor dem geöffneten Fenster. Dies sorgt nicht nur für gute Laune, es justiert auch Ihre innere Uhr und schafft gute Voraussetzungen für den erholsamen Schlaf in der folgenden Nacht.

Es muss nicht gleich (kann aber gerne) die Lauf- oder Schwimmrunde oder der frühe Besuch im Fitnessstudio sein. Einige Yoga- oder Gymnastikübungen täglich sind auch eine gute Option und lassen sich leichter in einen vollen Tag integrieren.

Aber auch während des Tages sollte die Bewegung nicht zu kurz kommen. Hier geht es nicht unbedingt um ausgedehnte sportliche Aktivitäten, sondern um die Addition vieler kleinerer Alltagsbewegungen, wie Treppe statt Fahrstuhl, ein kleiner Spaziergang in der Mittagspause, gehen beim Telefonieren oder die Kollegin im Nachbarbüro aufzusuchen, statt eine Mail zu schreiben. Sicher fallen Ihnen weitere Bewegungschancen ein.

Stressmanagement

Stress gehört zum Leben. Ohne Stress, das heißt, immer wieder neue Herausforderungen zu bewältigen, hätte es wohl die Evolution nicht gegeben. Stress in Form einer schwierigen Aufgabe, die mit Anspannung und Konzentration gelöst wird, führt nicht nur zu Wissenszuwachs und Handlungskompetenz, sondern auch zu mehr Zufriedenheit. Was wir jedoch meistens als Stress empfinden, ist nicht dieser „Kick", der leistungssteigernd wirkt, sondern vielmehr der Zustand der permanenten Überforderung, wo auf die Anspannung keine Entspannung mehr folgt. Dadurch gerät unser Wohlbefinden aus der Balance und die typischen Stresssymptome machen sich bemerkbar.

Die nach dem alten genetischen Programm ablaufende Stressreaktion ist bei einer Dauerbelastung heute nicht mehr zeitgemäß. Statt mit wilden Tieren, wo Weglaufen oder Kämpfen die einzigen lebensrettenden Alternativen waren, sind wir heute mit Druck durch den Chef, Mobbing, Mehrfachbelastung durch Beruf und Familie, engen Terminen, Stau, Geldsorgen oder Konkurrenzkampf konfrontiert. Weglaufen oder Kampfbereitschaft bringen uns hier nicht weiter und die Reaktionen des Körpers laufen ins Leere. Bei Dauerstress kann so kein Abbau des aufgebauten Energie- und Erregungspotenzials durch aktive körperliche Bewegung mehr stattfinden. Der Körper befindet sich noch im Alarmzustand, während bereits die nächste Stresssituation auf ihn einwirkt. Unter Stress schütten die Nebennieren zunächst Adrenalin aus. Bei andauernder Belastung bewirkt die Hirnanhangdrüse (Hypophyse), dass über die Nebennieren das Hormon Cortisol ausgeschüttet wird. Während wir das Cortisol am Morgen benötigen, um für den Tag in Fahrt zu kommen, entfacht ein Cortisolanstieg zur falschen Zeit eine Kaskade von negativen körperlichen Reaktionen, zum Beispiel Blutdruckanstieg, Unruhe und Konzentrationsstörungen, Anspannung der Muskulatur (Rückenschmerzen), Kopfschmerzen oder eine Schwächung des Immunsystems. Auch der Schlaf reagiert gestört.

Bevor Sie in den Stress-Schlafstörungs-Kreislauf gelangen, stellen Sie sich folgende Fragen:

Was bedeutet für mich Erfolg? Ist der Einsatz, den ich dafür bringe, angemessen? Kann ich meine Reaktion und Bewertung von Stressoren verändern? Brauche ich all die Aktivitäten, denen ich im Beruf und in der Freizeit nachgehe? Würde mir etwas fehlen, wenn ich einige davon streiche? Muss ich immer alle Erwartungen anderer erfüllen? Was kann ich delegieren? Widme ich meinem Hobby, meiner Familie, meinen Freunden genug Zeit? Was tue ich für mich selber, für meine Entspannung? Wann habe ich mir das letzte Mal Muße oder Müßiggang gegönnt? Sorge ich regelmäßig für körperliche Bewegung? Auf der Couch vor dem Fernseher lässt sich der Stress nämlich nur scheinbar abbauen.

Versuchen Sie, über Ihre Tageschronik typische Stressfallen zu identifizieren und Zeitdiebe zu entlarven und handeln Sie dann. Ein Kurzzeit-Coaching kann eine wertvolle Hilfe sein, wenn Sie alleine keinen Ausweg aus der Stressfalle finden.

Lernen Sie Entspannungstechniken kennen und entscheiden Sie sich für eine, die Ihnen Spaß macht und guttut. Bringen Sie Ihr vegetatives Nervensystem in Balance (s. HRV-Biofeedbacktraining) und lernen Sie vor allem, auch einmal NEIN zu sagen und „Ich muss …" Gedanken kritisch zu hinterfragen.

Grounding – Erdung

Vielleicht bringen Sie diesen Begriff vor allem mit der Einstellung des Flugverkehrs einer Airline in Verbindung. Im Zusammenhang mit den natürlichen Strategien für erholsamen Schlaf ist hier aber die Körpererdung gemeint, der natürliche Körper-Boden-Kontakt ohne Schuhe.

Die Erdoberfläche hat eine negative elektrische Überschussladung. Sobald ein Mensch barfuß auf der Erde steht, findet ein Ladungsaustausch zwischen Körper und Erde statt. Der Körper-Boden-Kontakt ermöglicht dem Körper, negativ geladene Elektronen, die antioxidativ wirken, direkt aufzunehmen. Sie können die positiv geladenen freien Radikale neutralisieren. Die Effekte, die dem Grounding nachgesagt werden:

- Erhöht die Oberflächenspannung der roten Blutkörperchen und reduziert die Viskosität des Blutes

- Reduziert die Entzündungsmediatoren

- Verbessert den Schlaf

- Sorgt für einen höheren Energielevel, stärkt den Parasympathikus und erhöht die Herzratenvariabilität (HRV)

- Normalisiert die chronobiologischen Rhythmen

- Verbessert die Regeneration nach dem Sport oder Verletzungen

Während der Ladungsaustausch zwischen Körper und Boden gut dokumentiert ist, werden die Wirkungen des Grounding noch diskutiert. Zurzeit gibt es für das Grounding trotz etlicher positiver Studien noch keine unbestreitbare Evidenz.

Vielleicht haben Sie selbst schon einmal bemerkt, dass Ihr Schlaf nach einer Strandwanderung besser und tiefer war als sonst, auch wenn hier weitere positive Wirkungen der Sonne, der Bewegung und der Meeresluft hinzukommen.

Da einige Minuten Barfußlaufen jedoch keine negativen Nebenwirkungen haben, ist es einen Versuch allemal wert. Neuerdings steht auch eine Grounding-Matte für das Bett zur Verfügung. Bei der Matte wird über den Erdungskontakt in der Steckdose die Verbindung mit der Erde hergestellt. So sollen die positiven Effekte direkt während des Schlafs auf den Körper wirken.

Sie haben nun diese sieben Punkte gelesen und einiges ist Ihnen sicher bekannt vorgekommen. Die vorgeschlagenen Impulse und Routinen kommen längst nicht nur dem Schlaf in der Folgenacht zu Gute, sondern sorgen auch für mehr Vitalität und Gelassenheit am Tage. Und genau darum geht es, denn der Tag macht die Nacht und umgekehrt. Ein hektischer Tag voller Druck und Anspannung ist keine gute Voraussetzung für eine erholsame Nacht und umgekehrt fördert eine Nacht, in der Sie sich schlaflos in den Kissen wälzen, nicht den aktiven und gutgelaunten Start in den neuen Tag.

Gehen Sie jetzt Ihre Tageschronik durch. Wo gibt es eine ungünstige Gewohnheit, die Sie durch eine bessere ersetzen wollen? Oder welche neue Gewohnheit möchten Sie in Ihre Tagesroutine integrieren? Ist es eine Morgenroutine, das Thema Licht und Sonne oder wollen Sie gleich eine Stressfalle angehen? Denken Sie an die kleinen Schritte und nehmen Sie sich nur eine Veränderung oder eine neue Gewohnheit vor.

Um gut schlafen zu können, muss man – auch am Tag – gut leben können.

Natürliche Strategien für den Abend und die Nacht

Die Maßnahmen zur Optimierung der Schlafqualität werden auch als Schlafhygiene bezeichnet. Während wir „Hygiene" gemeinhin mit Sauberkeit in Verbindung bringen, ist der Begriff vom griechischen Ursprung her aber viel weiter gefasst. Der Begriff Schlafhygiene bezeichnet alle Verhaltensweisen, die einen erholsamen Schlaf fördern. Sie betreffen insbesondere die Gestaltung der Schlafumgebung und des Tagesablaufs, berücksichtigen den natürlichen Schlaf-Wach-Rhythmus und geben Verhaltensempfehlungen für den Abend und die Nacht.

Die wenigsten Menschen schaffen es, aus voller Anspannung heraus zu Bett zu gehen und gleich einzuschlafen. Die meisten brauchen eine Übergangszeit, um Körper und Geist in den Ruhemodus zu bringen. Schaffen Sie sich eine Pufferzone zwischen Pflichten und Aktivitäten des Tages und dem Beginn der Nachtruhe. Mit folgenden Strategien schaffen Sie es, sich optimal auf eine erholsame Nachtruhe vorzubereiten. Sicher sind nicht alle Strategien beim Einzelnen gleich passend und wirksam. Testen Sie also, was Ihnen hilft und bleiben Sie dann dabei.

Nicht im Bett fernsehen

Statt Ihren Tag mit fernsehen im Bett abzuschließen, empfiehlt sich das entspannende Lesen. Aufregende Actionbücher oder Krimis sind dafür nicht gut geeignet. Versuchen Sie stattdessen zum Beispiel:

Der Mann ohne Eigenschaften – Robert Musil

Hundert Jahre Einsamkeit – Gabriel Garcia Márquez

Auf der Suche nach der verlorenen Zeit – Marcel Proust

Diese Bücher will ich keinesfalls als Schlaflektüre diskriminieren. Jedoch bewegt sich die Handlung nur langsam vorwärts, und es gibt selten Aufreger. Außer durch besseres und schnelleres Einschlafen werden Sie auch von dieser Weltliteratur profitieren.

Vermeiden Sie Fernsehschlaf im Wohnzimmer

Auch wenn das Fernsehprogramm manchmal zum Schlafen einlädt, schalten Sie lieber aus und gehen Sie zu Bett, wenn Sie müde werden, denn der Fernsehschlaf ist ein regelrechter Killer des „echten" Schlafes. Durch den Fernsehschlaf bauen Sie schon erheblichen Schlafdruck auf der Couch ab, ohne dass dieser Schlaf erholsam wäre. Das anschließende Aufstehen mit dem Verrichten der Abendtoilette bei hellem Licht im Badezimmer signalisiert dem Körper wieder Aktivität und erschwert das Einschlafen im Bett.

Regelmäßige Aufsteh- und Bettzeiten

Versuchen Sie, auch am Wochenende nicht wesentlich später zu Bett zu gehen und nicht mehr als 30 Minuten länger zu schlafen als unter der Woche, da die Bett- und Aufstehzeiten wichtige Ankerpunkte im Leben nach dem eigenen chronobiologischen Rhythmus sind (Ausnahmen dürfen und sollen natürlich sein).

Wenn Sie normalerweise um 6:30 Uhr aufstehen, am Wochenende aber bis 9 Uhr schlafen, gerät Ihr Körper immer wieder aus dem Rhythmus und das Aufstehen fällt vor allem am Montag besonders schwer.

Kaffee, Tee, Cola

Die individuelle Empfindlichkeit der Menschen auf Koffein in Getränken macht eine generelle Empfehlung schwierig. Sinnvoll ist es jedoch, ab nachmittags keine koffeinhaltigen Getränke mehr zu sich zu nehmen. Testen Sie also selbst durch Verzicht auf diese Getränke die Auswirkungen auf Ihren Schlaf.

Mahlzeitentiming

Nehmen Sie Ihr Abendessen mindestens drei Stunden vor dem Zubettgehen ein. Falls Sie später Hunger verspüren, kann ein kleiner Snack das Einschlafen fördern. Günstig ist zum Beispiel Milch mit Honig, ein Riegel dunkle Schokolade oder eine Banane. Diese Nahrungsmittel enthalten L-Tryptophan, eine Vorstufe des Serotonins, das wiederum für die Melatoninproduktion benötigt wird. Das L-Tryptophan braucht ein Zuckermolekül als Taxi, um gut aufgenommen zu werden, deshalb ergibt der Honig in der Milch durchaus Sinn.

Wenn Sie abnehmen wollen, ist es günstiger, das Betthupferl wegzulassen, da die Kohlenhydrate zu einer Insulinausschüttung führen und damit die Fettverbrennung in der Nacht behindern. Wenn Sie dennoch nicht hungrig zu Bett gehen wollen, so nehmen Sie nach dem Abendessen einen kleinen Eiweißsnack zu sich. Ein hartgekochtes Ei zum Beispiel erzeugt ein gutes Sättigungsgefühl. Auch eine Handvoll Nüsse ist ein idealer Spätsnack.

Blaues Licht eliminieren/blocken

Geräte wie Fernseher, PC, Tablets oder Smartphones emittieren Blaulicht. Dies ist untertags auch gut zu tolerieren, bringt aber bei vielen Menschen Probleme, wenn die Geräte kurz vor dem Schlafengehen eingesetzt werden. Neben der Gefahr, dass manche E-Mails oder andere scheinbar dringende Nachrichten uns aufregen und den Schlaf vertreiben können, spielt auch das Blaulicht eine Rolle.

Nutzen Sie deshalb mindestens eine Stunde vor dem Schlafengehen kein Gerät, das Blaulicht emittiert. Das blaue Licht drosselt nicht nur die Melatoninproduktion, sondern erhöht auch den Cortisolspiegel. Das Cortisol kann nicht auf Nachtniveau abfallen. Die Gerätehersteller haben dieses Problem bereits erkannt und bieten Blaulichtblocker an, die größtenteils kostenlos installiert werden können. Für Windows können Sie sich unter justgetflux.com ein Programm herunterladen, das die Bildschirmhelligkeit der Tageszeit anpasst. Für Smartphones bietet Apple zum Beispiel die App. „Nightshift" und für Android steht im Google Playstore die „Twilight" App. zur Verfügung.

Sport, Training

Auch wenn Bewegung und Sport insgesamt förderlich für die Schlafqualität sind, so kommt es auch hier auf das richtige Timing an. Ein Spaziergang vor dem Zubettgehen hilft, Körper und Geist in den Ruhemodus zu schalten. Eine heftige Sporteinheit spät am Abend dagegen aktiviert den Sympathikus und erhöht Körpertemperatur und Herzfrequenz. Legen Sie deshalb Ihr Training so, dass die Einheit spätestens zwei Stunden vor dem geplanten Zubettgehen beendet ist.

Wenn Sie noch keine Sportart betreiben, so überlegen Sie, welche Art der Bewegung Ihnen Spaß machen könnte. Es muss nicht immer die Laufrunde oder das Fitness-Studio sein. Wie wäre es mit Tanzen, Ballspielen, einer

Übungseinheit mit einem Online-Trainer zu Hause oder im Garten, Kegeln oder Schwimmen. Wenn Sie die Sporteinheit mit Partner oder Freunden durchführen, gewinnen Sie durch die gemeinsamen Aktivitäten gleich doppelt.

Kleine Dinge zu erledigen und Tagebuch zu schreiben, machen den Kopf frei

Kleine Erledigungen, die man auf den nächsten Tag schiebt, können belasten, weil sich Unerledigtes gerne besonders vor dem Einschlafen im Kopf breit macht und Unruhe erzeugt. Deshalb befreien Sie sich von diesen Gedanken, indem Sie zum Beispiel bügeln, Kleidung und Arbeitsunterlagen für den nächsten Tag bereitlegen, den Müll rausbringen, Einkaufszettel schreiben, dringende Erledigungen oder eine To-Do-Liste für den nächsten Tag notieren oder in Ihr Tagebuch schreiben. Während es im zweiten Schritt eher drum ging, für eine gewisse Zeit eine Tageschronik zu erstellen, um einen Überblick über Ihre Abläufe und Gewohnheiten zu erhalten, dient das langfristige Tagebuch schreiben dazu, den Tag abzuschließen, Ihre Gedanken zu ordnen und eine positive Grundstimmung zu erzeugen. Notieren Sie zum Beispiel täglich drei Dinge, für die Sie heute dankbar sind.

Gehen Sie nur zu Bett, wenn Sie müde sind

Das Bett ist Ihr Ort der Regeneration und Freude. Nutzen Sie deshalb das Bett nicht zum Essen, Fernsehen, Arbeiten oder Rauchen, sondern nur zum Schlafen, Lesen und natürlich auch zum Lieben.

Gehen Sie nicht zu Bett, weil Sie die Zeit für gekommen halten, um noch genügend Schlafstunden zu erhalten. Schließlich müssen Sie am nächsten Tag wieder fit sein. Leicht bildet sich die Gedankenschleife:

Ich muss jetzt unbedingt schlafen, damit ich morgen fit und ausgeruht bin.

Genau diese Gedanken verhindern das entspannte Einschlafen, denn je mehr man den Schlaf herbeizwingen will, desto widerspenstiger zeigt er sich. Sie wälzen sich im Bett, schauen immer wieder auf die Uhr, die Zeit bis zum Wecker klingeln wird immer kürzer – und der Schlaf rückt ferner.

Wenn Sie auch nach 30 Minuten nicht einschlafen können, verlassen Sie das Bett und tun Sie etwas, das Sie müde werden lässt: zum Beispiel Lesen, Nähen, Stricken, Kreuzworträtsel lösen oder eine Schublade ausmisten. Sie können auch Entspannungsübungen machen. Wenn dann das Schlafbedürfnis kommt, gehen Sie wieder zu Bett.

Klassische Entspannungstechniken

Entspannungstechniken fördern den Schlaf indirekt, wenn Sie unter nervlicher Anspannung leiden, nicht abschalten können oder an Muskelverspannungen im Nacken-Schulter-Bereich leiden. Die wichtigsten Verfahren sind:

- Autogenes Training

- Progressive Muskelrelaxation nach Jakobson

- Achtsamkeitsübungen und Meditation

- Qi Gong

- Yoga

Nicht jede Technik ist für jeden Menschen gleich gut geeignet und kann ohne Anleitung durchgeführt werden. Besuchen Sie am besten einen Kurs, um die jeweilige Technik kennenzulernen und entscheiden Sie dann, ob Sie sich damit wohlfühlen. Fragen Sie Ihren Berater, Therapeuten oder Coach, ob er oder sie solche Kurse durchführt oder eine Empfehlung dazu geben kann.

HRV-Biofeedbacktraining

Innere Ruhe und Regeneration setzen einen starken Parasympathikus voraus. Das gelingt durch das optimale Zusammenspiel von Sympathikus (Gaspedal) und Parasympathikus (Bremse), den Gegenspielern im vegetativen Nervensystem, das die Verbindung zwischen Körper und Psyche ist. Ist der Anteil der sympathischen Aktivität zu hoch, zum Beispiel durch andauernden Stress, müssen die parasympathischen Anteile gezielt gekräftigt werden. Die Funktion des vegetativen Nervensystems lässt sich durch eine Herzratenvariabilitäts-Messung (HRV) messen. Ein zu schwacher Parasympathikus kann durch ein Biofeedbacktraining gestärkt werden.

Bei dieser Methode trainieren Sie die Synchronisation von Atem und Herzschlag über visuelle Signale. Lassen Sie sich die Biofeedbackmethode nach einer HRV-Messung von Ihrem Therapeuten, Berater oder Coach erklären. Das Training selbst können Sie dann mit einem kleinen, mobilen Gerät oder einer App für das Smartphone zu Hause durchführen. Besonders an oder nach einem stressigen Tag, wenn Sie auch abends noch unter Spannung stehen, können Sie mit einer Übungseinheit ein bis zwei Stunden vor dem Zubettgehen Ihren Parasympathikus stärken.

Das Biofeedbacktraining Ihres vegetativen Nervensystems ist selbst nicht im klassischen Sinn zur Entspannung gedacht, wie Autogenes Training oder Yoga. Vielmehr wird die Entspannungsfähigkeit trainiert. Sie erkennen in Echtzeit, wie die Synchronisation von Atem und Herzschlag Ihre innere Ruhe fördert, die Herzratenvariabilität erhöht und den Stressindex senkt. Der Effekt tritt nach regelmäßiger Übung ein.

Weitere Hilfen zur Entspannung

Ob es um verhaltenstherapeutische oder primär den physischen Körper ansprechende Maßnahmen geht, Entspannungstechniken zielen immer darauf ab, Geist **und** Körper zu entspannen.

Nehmen Sie vor dem Zubettgehen ein **warmes Bad**, angereichert mit ätherischen Ölen oder Badezusätzen. Hier eignen sich zum Beispiel Zusätze auf Basis der ätherischen Öle von Geranie, Orange, Melisse, Rose, Sandelholz oder Lavendel. Ätherische Öle können sowohl über die Haut wie auch über die Atmung aufgenommen werden.

Ätherische Öle können Sie zusätzlich einsetzen, in dem Sie ein Säckchen mit entspannenden Lavendelblüten neben das Kopfkissen legen oder die ätherischen Öle über eine Duftlampe genießen, während Sie etwas lesen.

Auch wenn das Glas Wein am Abend zunächst das Einschlafen fördert, so stört Alkohol die Schlafarchitektur. Wenn Sie also unzufrieden mit Ihrer Schlafqualität sind, so ersetzen Sie das Glas Wein durch einen **wohlschmeckenden Kräutertee**.

Lassen Sie sich in der Apotheke Ihres Vertrauens dazu beraten.

Wählen Sie eine für Sie stimmige **Entspannungsmusik**. Dies können sanfte Klänge eines klassischen Musikstückes sein, Meeresrauschen, Walgesänge, Vogelzwitschern oder eine speziell zu Entspannungszwecken aufgenommene Komposition.

Bitten Sie Ihre(n) Partner(in) um eine **Massage**. Durch Massagen werden Endorphine ausgeschüttet, die Stress abbauen und Verspannungen lösen.

Stellen Sie sich **Entspannungsbilder** vor, die Sie in eine andere Welt ziehen. Dies kann ein palmenumsäumter Strand, eine einsame Berghütte oder eine toskanische Landschaft sein. Ihrer Phantasie sind hier keine Grenzen gesetzt. Wenn störende Gedanken auftauchen, schieben Sie sie beiseite und bleiben Sie bei Ihrer Visualisierung. Testen Sie einige Bilder und bleiben Sie dann bei einem. So entsteht leichter eine Verknüpfung von Bild und Schlafbeginn. Sie können auch statt eines einzelnen Bildes bewegte Bilder zu einer **Fantasiereise** zusammenfügen. Vielleicht kommt Ihnen eine schöne Wanderung in den Sinn, oder eine gemütliche Bootsfahrt mit einem lieben Menschen. Sie schreiben das Drehbuch und Ihrer Fantasie sind keine Grenzen gesetzt. Action sollte allerdings in diesem Drehbuch nicht stattfinden.

Keine Festbeleuchtung bei nächtlichen Toilettengängen

Eine volle Blase ist ein starkes Wecksignal und erzwingt einen nächtlichen Toilettengang. Um danach schnell wieder einzuschlafen, sollten Sie entweder das Licht dimmen, nur eine Spiegelleuchte im Bad einschalten oder eine Taschenlampe benutzen, um ihre innere Uhr nicht durch zu viel Licht zu irritieren. Sie werden beim nächsten nächtlichen Toilettengang staunen, wie schnell Sie wieder einschlafen und sich vielleicht am nächsten Morgen nicht einmal mehr daran erinnern.

Essen ist nachts tabu

Mehrmaliges, kurzes nächtliches Erwachen ist normal und wir erinnern uns am Morgen meistens nicht daran. Auch eine etwas längere Wachperiode ist kein Problem, so lange Sie entspannt bleiben. Wenn Sie jedoch das Bett verlassen, um wieder müde zu werden, vermeiden Sie, etwas zu essen. Regelmäßiges Essen in der Nacht führt dazu, dass Ihr Körper nachts erwartet, von Ihnen gefüttert zu werden und Sie deshalb wach werden. Während der Nachtruhe sorgt ein hoher Spiegel des Sättigungshormons Leptin dafür, dass wir die nächtliche Fastenphase ohne Hunger überstehen. Schlafstörungen mit längeren Wachphasen in der Nacht können das Hungerhormon Ghrelin aktivieren. Diese Aktivierung kann sich automatisieren, wenn Sie während einer Wachphase etwas essen. Von den Auswirkungen auf die Figur ganz zu schweigen.

Nachts nicht auf die Uhr schauen

Vermeiden Sie den Blick auf die Uhr, wenn Sie nachts wach werden. Das führt leicht zu Anspannung und der Sorge, am nächsten Morgen nicht ausgeruht zu sein. Verwenden Sie einen Wecker ohne Leuchtziffern oder stellen Sie ihn so auf, dass Sie im Liegen das Ziffernblatt nicht sehen.

Am besten ist, wenn Sie am Morgen ohne Wecker zur richtigen Zeit erwachen und sich ausgeruht und frisch fühlen. Das ist sicher noch kein primäres Ziel, aber Sie können es am Wochenende schon einmal ausprobieren, wann Ihr idealer Aufstehzeitpunkt ist.

Tipps für heiße Sommernächte

Wenn auch die Zahl der Tropennächte in unseren Breitengraden überschaubar ist, so können heiße Sommernächte unseren Schlaf stark beeinträchtigen.

Lassen Sie tagsüber Fenster und Vorhänge oder Rollläden geschlossen, damit sich Ihr Schlafzimmer nicht zu sehr aufheizt. Lüften Sie früh am Morgen und kurz vor dem Schlafengehen.

Mit einer lauwarmen Dusche können Sie Ihren Körper ein wenig abkühlen, das Wasser sollte aber nicht kalt sein, da dadurch die Durchblutung angeregt und die Schläfrigkeit vertrieben wird.

Verwenden Sie statt Ihrer üblichen Zudecke nur einen Bezug oder ein kühles Bettlaken. Funktionieren Sie eine Wärmflasche in eine Kühlflasche um. Legen Sie die mit kaltem Wasser und vielleicht einigen Eiswürfeln gefüllte „Wärmflasche" zu Ihren Füßen.

Nickerchen oder Powernap?

Ein kurzer Mittagsschlaf von 25–30 Minuten hat einen hohen Erholungswert, deshalb haben einige wenige Unternehmen bereits Powernapping-Bereiche bereitgestellt. Das Nickerchen sollte allerdings nicht nach 15 Uhr stattfinden und nicht länger als 30 Minuten dauern, da das den Schlafdruck am Abend mindern kann. Insbesondere ältere Menschen, deren Schlaf fragmentierter ist und die häufig nach Renteneintritt keinen straff strukturierten Tagesablauf mehr haben, neigen zu Schlafperioden am Tage. Diese Tagesschlafzeiten müssen auf die Gesamtschlafdauer angerechnet werden. Ein kürzerer Nachtschlaf ist deshalb normal und ist nicht als Schlafstörung anzusehen. Schon gar nicht sind deshalb Schlafmittel indiziert.

Auch im Leistungssport haben Schlaf- und Sportmediziner den Powernap als Trainingstool entdeckt. Intensives Training und Wettkampfstress verändern bei Leistungssportlern den Schlafrhythmus. Ein in das Training integrierter Kurzschlaf kann dazu beitragen, dass der wegen der Schlafphasenverschiebung zu kurze Nachtschlaf durch eine oder mehrere Kurzschlafepisoden am Tag teilweise kompensiert wird. So berichtet zum Beispiel ein Dauerskifahrer im Fachmagazin „Schlaf", dass er während der Gondelfahrten regelmäßig geschlafen hat und so in der Summe ausreichend Schlaf erhielt.

Damit der Mittags-bzw. Tagesschlaf nicht zu ausgiebig gerät, trinken Sie zum Beispiel vorher eine Tasse Kaffee. Die verzögerte Koffeinwirkung sorgt für rechtzeitiges Aufwachen. Auch der „Schlüsseltrick" hat sich bewährt. Nehmen Sie einen Schlüsselbund vor dem Einschlafen in die Hand. Da Tiefschlaf die Muskeln entspannt, fällt der Schlüsselbund aus der Hand, bevor Sie richtig in den Tiefschlaf fallen.

Kühler Kopf und warme Füße

Im Kopf liegt die Steuerzentrale für die Körperkerntemperatur, die mit dem zirkadianen System verbunden ist. Die Temperatur im Inneren des Körpers sinkt nachts langsam ab und erreicht zwischen 2 und 4 Uhr nachts ihren Tiefpunkt, der um etwa 1–1,5° C niedriger als am Tage ist. Deshalb brauchen wir auch im Sommer eine leichte Zudecke, um nicht mitten in der Nacht zu frösteln. Leben wir im Einklang mit unserem chronobiologischen Rhythmus, so sinkt die Temperatur automatisch. Wenn jedoch die innere Uhr nicht synchron mit den Einschlaf- und Aufwachzeiten läuft, zum Beispiel bei Schichtdienst, so können kühlende Kopfhauben (Cool Caps), Stirnbänder oder kühlende Umschläge auf Stirn und Innenseiten der Handgelenke helfen. Dies ist auch im Sommer ein guter Tipp, wenn sich die Hitze im Schlafzimmer staut und den Körper daran hindert, genügend Wärme abzugeben.

Während der Kopf die Kühle zum Schlafen braucht, schätzen die Füße Wärme. Eiskalte Füße können richtige Schlafkiller sein. Hier können ein warmes Fußbad und eine Fußmassage mit einem duftenden Öl vor dem

Zubettgehen helfen. Warme Socken wirken zwar nicht sexy, sorgen aber zuverlässig für warme Füße.

Eine Einschlaf-Atemübung

Welche wichtige Rolle der Atem für die Entspannung und die Stärkung des Parasympathikus hat, wissen Sie bereits aus dem Kapitel über das HRV-Biofeedbacktraining oder aus praktischer Erfahrung mit Meditation. Unabhängig von Hilfsmitteln oder bestimmten Körperpositionen können Sie auch im Bett eine kleine Einschlaf-Atemübung testen.

Atmen Sie ruhig durch die Nase ein und zählen Sie dabei bis 4. Halten Sie nun den Atem an und zählen Sie bis 7. Atmen Sie dann langsam durch den Mund wieder aus und zählen Sie dabei bis 8.

Während beim Einatmen der Sympathikus aktiviert wird, stärkt das Ausatmen den Parasympathikus. Deshalb ist auch die Zeit des Ausatmens länger als die des Einatmens. Diese vielfach bewährte Übung können Sie natürlich auch machen, wenn Sie nachts erwachen, um schneller wieder einzuschlafen. Bei nächtlichem Erwachen kommt noch ein weiterer Vorteil hinzu: Durch die Konzentration auf den Atem ist es viel schwerer, ins Grübeln zu kommen. Kommen dennoch bei der Atemübung störende Gedanken auf, dann würgen Sie sie nicht ab, sondern lassen sie einfach wie eine Wolke weiterfliegen.

Bettzeitbegrenzung – jetzt wird es etwas unangenehm

Zum Schluss möchte ich Ihnen noch eine Methode zur Verbesserung des Schlafes vorstellen, die besondere Disziplin und Geduld erfordert und zumindest am Anfang etwas unangenehm ist. Sie ist besonders für die Menschen geeignet, die sich unter Druck setzen, eine bestimmte Zeit schlafen zu müssen und dabei ihr Schlafvermögen überschätzen.

Schauen Sie sich Ihr Schlafprotokoll an und ermitteln Sie die durchschnittliche Schlafzeit in diesen zwei Wochen. Mit dieser Zeit sind Sie unzufrieden, weil sie vielleicht nur bei fünf Stunden pro Nacht liegt und genau das wollen Sie ja verändern. Deshalb mag Ihnen die Bettzeitrestriktion widersinnig erscheinen. Es handelt sich jedoch um eine bewährte Methode für gesunde Erwachsene. Stellen Sie Ihrer durchschnittlichen Schlafzeit nun die durchschnittlich verbrachte Zeit im Bett gegenüber. Wenn es hier eine deutliche Diskrepanz gibt, so könnte Ihnen diese Methode helfen.

Sie müssen um 6:30 Uhr aufstehen. Bei einer durchschnittlichen Schlafzeit von fünf Stunden, bedeutet dies, dass Sie um 1:30 Uhr zu Bett gehen, auch wenn sie sich schon vorher müde fühlen. Halten Sie diese Zeit zwei bis drei Nächte durch. Sie werden einen hohen Schlafdruck aufbauen und Sehnsucht nach Ihrem Bett haben. Erhöhen Sie dann schrittweise die Bettzeit um je 30 Minuten. Wenn Sie eine „Lerche" sind, fällt es Ihnen wahrscheinlich leichter, um 23 Uhr ins Bett zu gehen und dafür bereits um 4:30 Uhr aufzustehen. Überlegen Sie sich, wie Sie diese zwei Stunden zusätzlicher Wachzeit am Morgen sinnvoll nutzen. Im Sommer könnten Sie zum Beispiel einen Sonnenaufgangs-Spaziergang machen und dabei noch kräftig Licht für die Serotoninbildung tanken. Nehmen sie sich Zeit für eine ausgiebige Morgentoilette oder räumen Sie einen Schrank auf. Die Tätigkeit sollte auf jeden Fall aktivierend sein.

Setzen sie die schrittweise Verlängerung der Bettzeit so lange um, bis Sie Ihre ideale Bettzeit gefunden haben.

Durch diese Übung lernen Ihr Organismus und Ihre Psyche das Bett wieder als Ort des guten Schlafes kennen und die unheilvolle Verquickung von Bett – Wachliegen – Grübeln kann sich auflösen. Experimentieren Sie mit verschiedenen Zubettgeh- und Weckzeitpunkten bei gleicher Bettzeit.

Diese Methode sollten Sie nicht anwenden, wenn Sie gerade besondere berufliche Herausforderungen zu bewältigen haben oder an einer akuten Erkrankung leiden. Bei einer behandlungsbedürftigen Schlafstörung sollten Sie vorher mit Ihrem behandelnden Therapeuten sprechen, ob die Bettzeitbegrenzung angewendet werden kann.

Möglicherweise sind Sie während dieser Übung am Tage nicht ganz so leistungsfähig und frisch, wie Sie sein möchten, aber stundenlanges Grübeln und schlafloses Herumwälzen im Bett beeinträchtigen ebenfalls massiv die Leistungsfähigkeit. Einen Versuch ist diese Übung also allemal wert.

Bett- und Schlafraumausstattung

Mit den Empfehlungen für die geeignete Bettstatt und die Beschaffenheit von Matratze, Decke und Kissen könnte man leicht ein ganzes Buch füllen. Deshalb gibt es hier nur einige grundsätzliche Hinweise.

Sorgen Sie im Schlafzimmer für eine **angenehme Temperatur**, die idealerweise zwischen 16 und 20°C liegen sollte. Wo für Sie der angenehmste Bereich ist, bestimmen Sie selber – kühler ist nicht generell besser. Wenn es sich wohnungstechnisch einrichten lässt, sollte das Schlafzimmer der ruhigste Raum der Wohnung sein.

Wichtig sind Vorhänge oder Rollos, die den **„Schlaf-Feind" Licht** zuverlässig aussperren. Sollte nun ausgerechnet eine Straßenlaterne in Ihr Schlafzimmer leuchten, so kann eine weiche Schlafbrille von Nutzen sein.

Nutzen Sie Ihr Schlafzimmer nicht als Arbeitsraum und platzieren Sie dort keinen Schreibtisch, PC oder sonstige Arbeitsmittel. Wenn der Schreibtisch aufgrund der Wohnungsgröße keinen anderen Standort findet, so werden Sie kreativ darin, einen Sichtschutz zur Arbeitsecke zu kreieren. Finden Sie einen schönen Paravent oder einen anderen Raumteiler, damit Sie beim Einschlafen nicht etwa einen überladenen Schreibtisch sehen müssen.

Viele Menschen lieben es, nackt zu schlafen. Empfehlenswert ist jedoch das Tragen eines Pyjamas oder Nachthemdes. Die **Nachtbekleidung** nimmt die nachts ausgeschwitzte Feuchtigkeit auf und schützt vor Zugluft. Das Anlegen der Nachtbekleidung gehört außerdem zu den Ritualen, die den Übergang von der Tagesaktivität zur Nachtruhe signalisieren.

Die richtige Matratze – eine Wissenschaft für sich

Da die Auswahl der richtigen Matratze von individuellen Vorlieben, der Körpergeometrie und dem Körpergewicht abhängt, sollen hier nur einige allgemeine Kriterien genannt werden. Lassen Sie sich beim Neukauf ausführlich in einem Bettenfachgeschäft beraten und vereinbaren Sie möglichst einige Nächte zum Probeliegen zu Hause.

Eine gute Matratze sollte den Körper an Schultern und Becken entlasten und Taille und Wirbelsäule unterstützen.

Die Matratzenarten:

Federkernmatratze: Dieser traditionell viel verwendete Matratzentyp ist robust und stabil und leitet Feuchtigkeit und Wärme gut ab. Die Federkernmatratze hat allerdings eine geringe Punktelastizität und passt sich nicht vollständig den Körperformen an.

Taschenfederkernmatratze: Hier sind die einzelnen Stahlfedern in Stofftaschen eingenäht, was die Punktelastizität gegenüber der einfachen Federkernmatratze deutlich verbessert.

Kaltschaummatratze: Das Raumgewicht dieses Matratzentyps bezeichnet das Gewicht des Schaumstoffes pro Kubikmeter. Ein höheres Raumgewicht steigert die Haltbarkeit, den Liegekomfort und die Rückstellkraft der Matratze. Das Raumgewicht einer guten Kaltschaummatratze sollte bei mindestens 50 liegen. Je nach Gewicht und gewünschtem Liegekomfort sollte die Stauchhärte beachtet werden, die als Härtegrad von 1–5 bezeichnet wird. Schwergewichtige Menschen werden eher einen höheren Härtegrad wählen. Kaltschaummatratzen weisen eine hohe Punktelastizität auf und sorgen für guten Temperatur- und Feuchtigkeitsausgleich.

Latexmatratzen: Diese Matratzen bestehen aus synthetischem, natürlichem oder gemischtem Latex. Eine Latexmatratze passt sich gut den Körperkonturen an, hat eine hohe Punktelastizität und weist ein gutes Federungs- und Rückstellungsverhalten auf.

Matratzen, ebenso wie Bettwäsche, müssen schadstofffrei sein und dies mit entsprechenden Zertifikaten nachweisen. Eine gute Matratze sollte keinen Eigengeruch aufweisen. Der Preis kann zwar ein Anhaltspunkt für die Qualität des Produktes sein, sollte jedoch nicht als einziges Auswahlkriterium dienen.

Unabhängig von der Beschaffenheit der Bettausstattung ist es sinnvoll, nach etwa 7–10 Jahren in eine neue Matratze zu investieren, insbesondere dann, wenn sich Ihr Gewicht deutlich verändert hat. Bettdecken und Kissen sollten mindestens zu jeder Saison je nach Material gereinigt oder gewaschen werden.

Machen Sie Ihr Schlafzimmer nicht zum Stiefkind, wenn Sie Ihre Wohnung einrichten. Auch wenn dies kein Vorzeigeraum für Besucher ist, so leistet ein Schlafzimmer, in dem Sie sich wohlfühlen, einen großen Beitrag zu Ihrer Lebensqualität. Nehmen Sie also Ihr eigenes Wohlbefinden mindestens so ernst wie das Ihrer Gäste.

Grünpflanzen für das gute Raumklima

Hartnäckig hält sich der Mythos, alle Pflanzen seien Sauerstoffräuber und hätten damit im Schlafzimmer nichts zu suchen. Inzwischen weiß man, dass viele Grünpflanzen auch nachts Sauerstoff produzieren, die Luftfeuchtigkeit erhöhen und Schadstoffe aus der Luft filtern können. Wichtig ist die Auswahl der richtigen Pflanzen. Als besonders geeignet stellten sich nach Untersuchungen, unter anderem von der NASA, folgende Pflanzen heraus:

Der **Bogenhanf** wandelt nachts Kohlendioxid in Sauerstoff um. Außerdem sind seine Blätter gute Luftfilter für verschiedene Giftstoffe.

Die **Aloe Vera** ist bereits bekannt für ihre wohltuende Wirkung auf den Organismus. Aber auch als Raumluftoptimierer leistet sie als Sauerstoffproduzentin beachtliches.

Die Rankpflanze **Efeu** haben Sie für den Innenbereich vielleicht noch nicht in Betracht gezogen. Efeu ist jedoch eine Wunderpflanze für das Schlafzimmer. Innerhalb von 12 Stunden nimmt die Pflanze fast 80 % der Schimmelsporen in der Luft auf.

Das **Einblatt,** eine Pflanze mit großen grünen Blättern, kann die Feuchtigkeit in der Raumluft um bis zu 5 % steigern, eine Wohltat für alle, die auf zu trockene Raumluft mit gereizter Mund- und Nasenschleimhaut reagieren.

Gehen Sie bei der Bestückung Ihres Schlafzimmers mit Grünpflanzen vorsichtig zu Werke und machen Sie zunächst einen Test mit einer Pflanze, schließlich muss sich auch das Gewächs in Ihrem Schlafzimmer wohlfühlen.

Jetlag

Wenn Sie eine Reise über mehrere Zeitzonen planen, so können Sie präventiv schon etwas tun, um die Störung des Schlaf-Wach-Rhythmus` zu verringern.

Sie fliegen **nach Westen**: Verschieben Sie die Schlafenszeit schon 2–3 Tage vorher nach hinten, gehen Sie also später zu Bett als üblich.

Sie fliegen **nach Osten**: Gehen Sie vorher 2–3 Tage früher schlafen als üblich.

Im Flieger: Stellen Sie schon beim Abflug die Uhr auf die Ankunfts-Ortszeit ein und richten Sie die Mahlzeitenaufnahme während des Fluges nach dieser Zeit. Lehnen Sie ruhig eine routinemäßig angebotene Mahlzeit ab, wenn sie nicht in dieses Zeitschema passt. Wenn Sie nach Westen fliegen, versuchen Sie während des Fluges zu schlafen. Eine Augenmaske und Kopfhörer helfen, störende Einflüsse von außen zu verringern.

Trinken Sie viel Wasser während des Fluges, denn Flüssigkeitsmangel verstärkt die Wirkungen des Jetlags. Die Einnahme von **Melatonin** kann außerdem helfen, die Auswirkungen des Jetlags zu vermindern. Natürlich gibt es auch für Jetlag Apps, die Hilfe anbieten. So berechnet zum Beispiel der „Jet Lag Rooster" auf Grundlage der Flugdaten einen individuellen Plan für Schlaf- und Wachzeiten.

Schlafrituale

Rituale sind Teil unserer Kultur. Ob es die Liturgie in der Kirche, Umzüge zu Festtagen, die Abläufe am Heiligen Abend oder die Verabschiedung eines Kollegen in den Ruhestand ist – unser Gemeinschaftsleben ist voller Rituale. Rituale stärken unsere familiären oder kulturellen Wurzeln und vermitteln das Gefühl von Zugehörigkeit.

Neben den „großen" Ritualen ist auch unser Alltagsleben geprägt von Ritualen und Gewohnheiten, die die Komplexität des täglichen Lebens verringern und Tätigkeiten strukturieren und automatisieren. Rituale und Gewohnheiten machen das Leben meistens einfacher und überschaubarer.

Deshalb kann auch ein wohltuendes Schlafritual hilfreich sein für den entspannten Übergang vom Tag zur Nacht. Damit das Ritual zu einem solchen wird, sollten Sie es jeden Abend zur gleichen Zeit durchführen, damit der Körper sich darauf einstellt und das Ritual abspeichert. Bis der Ablauf sich verfestigt, dauert es etwa drei bis vier Wochen. Haben Sie also etwas Geduld und vermeiden Sie Zwänge. Ihr Ritual sollte Ihnen guttun und Sie sollten sich darauf freuen, den Tag mit all seinen Geschäftigkeiten abzuschließen.

Ein Bett-/Schlafritual schafft eine Beziehung zwischen bestimmten Aktivitäten, Abläufen und dem Schlaf und dient der mentalen Vorbereitung auf den Schlaf. Hier können wir von Kindern lernen, die ohne Schlafkissen oder Teddy nicht einschlafen können oder die auf ihrer Gute-Nacht-Geschichte bestehen.

Schaffen Sie sich ein für Sie passendes Schlafritual und machen Sie das zur Gewohnheit. Einige der beschriebenen Strategien können Sie zu einem Ritual komponieren.

Beispiele:

Zähneputzen – Tagebucheintrag – dazu Ihre ausgewählte Entspannungsmusik hören

Einige Seiten lesen (kein Fachbuch) – eine Tasse Kräuter-, Melissen-, Baldrian- oder Fencheltee dazu trinken – danach ein warmes Fußbad

20 Minuten spazieren gehen – danach eine Tasse Kräutertee mit Honig – dazu jeden Abend ein Gedicht lesen

Natürlich kann Ihr Schlafritual auch ganz anders aussehen, wichtig für die Wirksamkeit ist die sinnvolle Verknüpfung schlafvorbereitender Tätigkeiten und die regelmäßige Durchführung.

Schlaf-Apps – nützliche digitale Helferlein?

Apps begleiten uns durchs Leben. Warum also diese digitalen Helferlein nicht auch für besseren Schlaf und Entspannung nutzen? Die derzeit in App-Stores verfügbaren deutschsprachigen Schlafhilfen lassen sich grob in zwei Kategorien einteilen:

- Einschlafhilfen, die Naturgeräusche und Entspannungsmusik abspielen oder bei Meditationen helfen.
- Schlaf-Tracker, die Schlafverhalten, Bewegungen oder Geräusche aufzeichnen. Diese Apps lassen sich mit smarten Uhren oder Armbändern verknüpfen, die allerlei Parameter aufzeichnen, zum Beispiel Puls, Temperatur oder Sauerstoffsättigung. Andere Tracking-Apps setzen auf Mess-

Sensoren des Smartphones, die zum Beispiel über ein Accelerometer Bewegungen erfassen. Dazu wird das Gerät auf den Nachttisch oder unter die Matratze gelegt und die App vor dem Einschlafen gestartet.

Für Bettpartner von Schnarchern, steht mit der App ein „Beweismittel" für den nächtlichen Lärm zur Verfügung. Auch für Alleinschläfer, die felsenfest davon überzeugt sind, nicht zu schnarchen, ist die Geräuschaufzeichnung sinnvoll, da starkes Schnarchen zu nächtlichen Atemaussetzern führen kann und so die Diagnose einer Schlafapnoe im Schlaflabor vielleicht früher erfolgt. Auch der Einsatz einer Schlaf-Tracking App in Verbindung mit dem manuell geführten Schlaftagebuch ist sinnvoll und ergänzt die subjektiven Einschätzungen durch objektive Parameter.

Die manchmal versprochene Aufzeichnung der Schlafstadien durch eine App ist derzeit noch nicht befriedigend gelöst, da hier nur Rückschlüsse aus den gemessenen Parametern auf die Schlafstadien gezogen, diese jedoch nicht wirklich gemessen werden, wie bei einer Polysomnografie. Aber auch die gemessenen Werte bieten schon eine gute Hilfestellung zur Beurteilung der Schlafqualität.

Relativ neu auf dem deutschsprachigen Markt ist die App „Calm", die zur ersten Kategorie zählt. Diese App bietet angeleitete Meditationen, Schlafgeschichten, Entspannungsmusik und Videoeinheiten zu achtsamer Bewegung und Dehnung. Ein kostenloser Test ist möglich, ansonsten ist das volle Leistungsspektrum im Abonnement kostenpflichtig.

Bisher gibt es noch keine zertifizierte und als Medizinprodukt gekennzeichnete App auf dem Markt. Deshalb sollten Sie als Nutzer nicht nur die Funktionen testen, sondern auch prüfen, wie der Anbieter mit Ihren Daten umgeht. Prüfen Sie über Impressum und Kontaktdaten, wer hinter der App steht und ob Sie ihm vertrauen.

Nahrungsergänzungen und pflanzliche Mittel – die natürlichen Schlafhilfen

Nahrungsergänzungen bestehen meistens aus einer Kombination von Nährstoffen, Vitaminen, Mineralien und Pflanzenextrakten in unterschiedlichen Zubereitungsarten, zum Beispiel als Tee, Pulver zum Auflösen in Wasser oder in Kapsel- oder Tablettenform.

Die Zielsetzungen für den Einsatz dieser Mittel sind:

- Beruhigung und Verringerung von Anspannung

- Besseres Einschlafen

- Optimierung der Erholung und Regeneration durch den Schlaf

Gewöhnungseffekte gibt es bei pflanzlichen Mitteln nicht und auch die Schlafstruktur wird nicht gestört.

Das Angebot ist riesig und unübersichtlich für den Suchenden. Welches Mittel wem und wie hilft ist einerseits von der Passgenauigkeit der Zutaten mit dem zu lösenden Problem und andererseits auch von der Erwartungshaltung, der psychischen Verfassung und individuellen Reaktion des Betroffenen abhängig. Die Internetrecherche erhöht die Verwirrung oft noch, besser ist die gute Beratung durch einen Apotheker, Therapeuten oder Schlafexperten.

Einige Pflanzen werden traditionell schon seit Urzeiten zur Schlafförderung verwendet. Neu ist jedoch häufig die Kombination mit anderen Zutaten. Wobei hier nicht zwingend gilt: Viel hilft viel und die Länge der Zutatenliste kein Nachweis für eine bessere Wirkung sein muss. Einige häufig verwendete Bestandteile will ich Ihnen hier kurz vorstellen:

Baldrianwurzel

Baldrian ist vor allem bekannt für seine beruhigende, angst- und spannungslösende sowie einschlaffördernde Wirkung. Grundlage für die Wirkung sind ätherische Öle und andere Stoffe, wie Valerensäure und Valerenol, die in der Wurzel stecken. Man nimmt an, dass nicht ein einzelner Stoff, sondern das Zusammenspiel der Bestandteile für die Wirkung verantwortlich ist.

In Baldrian Tinkturen oder Tropfen ist oftmals Alkohol enthalten, diese Darreichungsform ist deshalb für Minderjährige und Menschen, die auf Alkohol verzichten wollen oder müssen, nicht geeignet. Baldrian ist gut verträglich und die Wirkung ist klinisch belegt.

Die Wirkung setzt gewöhnlich erst nach zwei bis drei Wochen ein, deshalb ist Baldrian als akute Einschlafhilfe weniger geeignet. Baldrian wird häufig kombiniert mit Hopfen, Melisse oder Passionsblume.

Melisse, Zitronenmelisse

Die ätherischen Öle der Melisse haben eine beruhigende und angstlösende Wirkung. Die anspruchslose Zitronenmelisse kann auch gut im eigenen Garten angebaut werden. So können Sie Ihren wohlschmeckenden Tee immer frisch zubereiten. Die Melisse wird seit Jahrhunderten als Arzneipflanze geschätzt und bei Nervosität, Unruhe, Anspannung und Einschlafstörungen eingesetzt.

Passionsblume

Die Flavonoide und ätherischen Öle der Passionsblume entfalten bei verschiedenen Beschwerden ihre Wirkung. Unter anderem wird die Passionsblume eingesetzt bei depressiven Verstimmungen, Verspannungen, Nervosität und Schlafstörungen. Passionsblume kann als Tee oder in Form von Tabletten oder Kapseln genutzt werden, wobei Tabletten und Kapseln in der Regel einen höher dosierten Passionsblumenextrakt enthalten. Tee hat wiederum den Vorteil, dass er Teil eines Zubettgehen-Rituals sein kann. In verschiedenen Studien konnte zwar keine messbare Wirkung von Passionsblume auf den Schlaf gezeigt werden. Die Gruppe der Teetrinker fühlte sich aber subjektiv am nächsten Morgen besser und frischer als die Gruppe ohne Tee.

Hopfen

Die müde machende Wirkung von Hopfen ist Biertrinkern hinlänglich bekannt. Die schlaffördernde und beruhigende Wirkung der Bitterstoffe dieser Arzneipflanze kommt jedoch besser ohne Alkohol zum Einsatz, da der Alkohol zwar zusätzlich das Einschlafen fördert, jedoch den weiteren Schlafablauf stört und häufig zu nächtlichem Erwachen führt. Hopfen wird meistens mit Baldrian, Melisse oder Passionsblume kombiniert.

Vitamine, Mineralien

Die ausreichende Versorgung mit allen B-Vitaminen (B1, B2, B6, B12 sowie Folsäure, Niacin Pantothensäure und Biotin) ist essenziell für ein entspanntes Nervenkostüm. Außerdem sind B-Vitamine mitverantwortlich für die Umwandlung von L-Tryptophan in Serotonin, welches wiederum für die Melatoninproduktion benötigt wird.

Magnesium ist an mehr als 300 Stoffwechselvorgängen beteiligt und ein wahres Multitalent.

Magnesium wirkt beruhigend und entspannend. Der Muskel- und Nervenmineralstoff stabilisiert das Membranpotenzial von erregbaren Muskel- und Nervenzellen in Ruhe und begünstigt die Erholung der Muskulatur. Deshalb sollten vor allem Sportler auf ausreichende Magnesiumzufuhr achten. Magnesium fördert die Einschlafbereitschaft und verbessert die Schlafqualität. Bei Schlafproblemen sollten Sie Ihren Magnesiumspiegel im Auge behalten und wenn nötig, ein Nahrungsergänzungsmittel nehmen. Fortdauernder Stress erhöht den Bedarf an Magnesium durch einen erhöhten Verbrauch in den Zellen sowie durch vermehrte Ausscheidung des Stoffes.

Melatonin, der biologische Sandmann

Melatonin ist weit mehr als nur ein Schlafhormon und immer wieder für Überraschungen gut. Melatonin wirkt nicht primär als „Schlafmittel", sondern indirekt über das zirkadiane System und steuert zusammen mit dem Wohlfühlhormon Serotonin den Schlaf-Wach-Rhythmus. Man könnte deshalb Melatonin als Chronobiotikum bezeichnen. Diskutiert wird vermehrt auch die Rolle des Melatonins als Antioxidans und Radikalenfänger.

Melatonin erweitert außerdem die peripheren Blutgefäße. So kann der Körper mehr Wärme abgeben und seine niedrigere Schlaftemperatur im Körperinneren erreichen.

Melatonin wird in der Zirbeldrüse (Epiphyse) gebildet und benötigt Serotonin als Vorstufe (s. Abb.) Das bedeutet, haben wir am Tage für genügend Serotonin gesorgt durch Sonnenlicht, Bewegung und Ernährung, so haben wir gute Voraussetzungen für eine ausreichende Melatoninproduktion geschaffen. Melatonin braucht die Dunkelheit und mag kein blaues Licht. Das kann dann zum Problem werden, wenn wir bis in den späten Abend auf Monitore schauen, die blaues Licht emittieren und so die Melatoninproduktion blockieren.

Die Melatoninproduktion schwankt mit den Jahreszeiten. Eine vermehrte Ausschüttung findet im Winter durch die längeren Dunkelphasen statt, deshalb kann an dunklen Wintertagen auch am Tage noch Melatonin vorhanden sein und für Müdigkeit und schlechte Stimmung sorgen. Abhilfe schaffen Sie hier mit einer Tageslichtlampe. Die tägliche Dosis künstliches Tageslicht wird in Skandinavien schon seit langem eingesetzt, um den „Winterblues" zu vertreiben.

Im Alter sinkt die natürliche Melatoninproduktion, was vermehrt zu Einschlafstörungen und Aufwachzeiten in der Nacht führen kann. Eine besondere Rolle spielt Melatonin auch bei Schichtarbeit und Jetlag-Problemen. Deshalb wird insbesondere bei Flügen in östlicher Richtung mit mehr als fünf Stunden Zeitverschiebung häufig die Einnahme von Melatonin empfohlen. Also immer dann, wenn eine Desynchronisation der natürlichen chronobiologischen Rhythmen vorliegt, kann eine Melatonineinnahme sinnvoll sein, sollte aber mit einem Schlafexperten abgestimmt werden.

Melatonin wird dosisabhängig als verschreibungspflichtiges Arzneimittel eingestuft, darf in Deutschland aber bis zu einer Dosierung von 0,5 mg pro Kapsel als Nahrungsergänzungsmittel verkauft werden. In vielen anderen Ländern gilt diese Beschränkung nicht.

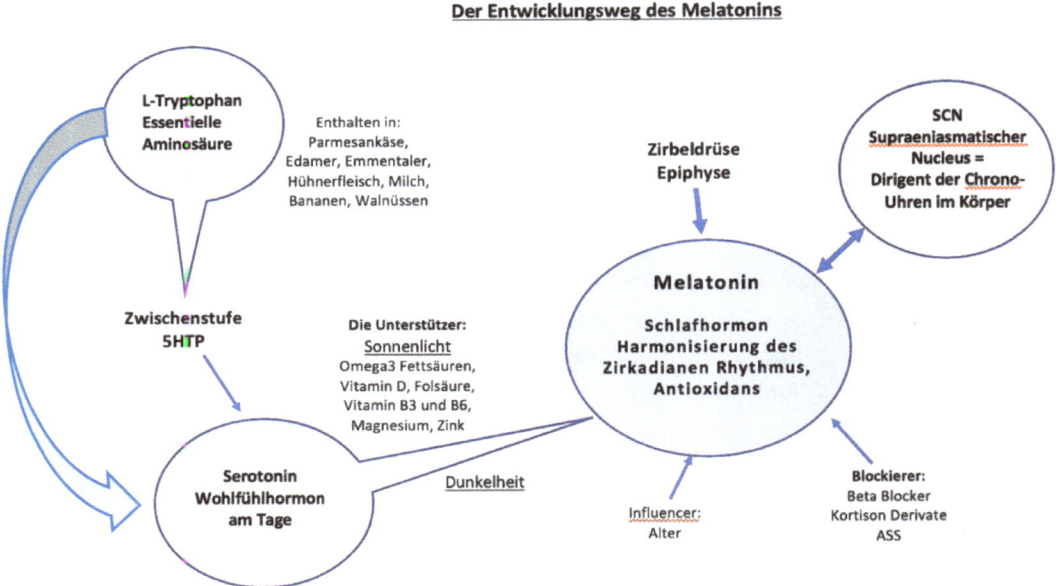

Der Entwicklungsweg des Melatonins

Schlaf und Erholung in der Arbeitswelt

Es mag ungewohnt klingen, Schlaf und Erholung mit Arbeit zu verquicken. Work-Life-Balance bringt doch bereits zum Ausdruck, dass eine Balance zwischen den scheinbar gegensätzlichen Polen Arbeit und Leben angestrebt werden sollte. Und hier beginnt das Missverständnis: Arbeit und Leben – und mit Leben sind gewöhnlich Freizeitaktivitäten, Erholung und Schlaf gemeint - sind keine weit auseinander liegenden Pole, sondern sind zwei Seiten derselben Medaille. Besser wäre deshalb, den Begriff Work-Life-Balance einfach durch Lebensbalance zu ersetzen.

Für die meisten Menschen ist Arbeit nicht nur ein notwendiger Broterwerb, sondern Arbeit gibt Sinn und Struktur, verleiht uns Bedeutung, ermöglicht oft auch persönliche Weiterentwicklung, verbindet uns mit anderen Menschen und lässt uns Neues lernen. Ein Drittel des Tages verbringen wir gewöhnlich mit Erwerbstätigkeit. Höchste Zeit also, dass wir die Zusammenhänge zwischen erholsamem Schlaf, chronobiologischen Rhythmen, Stressbelastung während der Arbeit und in der Freizeit auf der einen Seite und Leistungsfähigkeit, Gesundheit und Wohlbefinden auf der anderen Seite erkennen.

Gesundheit, Zufriedenheit und Leistungsfähigkeit bilden einen dynamischen Prozess, der alle Lebensbereiche einschließt, und die Arbeit gehört dazu. Nur der kann seine aktiven Gestaltungsmöglichkeiten nutzen, der seine Stärken und Ressourcen kennt und schätzt und der über seine Schwächen Bescheid weiß, ohne sie über zu bewerten.

Sofern Sie nicht selbst Unternehmer und damit Ihr eigener Chef sind, trägt auch der Arbeitgeber dazu bei, die Verhältnisse am Arbeitsplatz so zu gestalten, dass sich die Beschäftigten wohlfühlen und ihr Leistungspotenzial abrufen können. Betriebliche Gesundheitsförderung und betriebliches Gesundheitsmanagement sind deshalb bereits in vielen Betrieben, die das erkannt haben, fest verankert. Schlafaufklärung und Pausenmanagement gehören ebenso wie zum Beispiel Ernährung und Bewegung in eine moderne betriebliche Gesundheitsförderung. Aktuell ist jedoch beim Thema Schlaf noch viel Luft nach oben.

Die unheilvolle Koalition von Stress und Schlafstörung

Einer der häufigsten Gründe für nicht durch Krankheit bedingte Ein- und Durchschlafstörungen ist Anspannung durch nicht verarbeitete Stresssituationen am Tage. Damit einher geht oft die spätabendliche Nutzung von Blaulicht emittierenden elektronischen Geräten zur Erledigung von dringender Arbeit oder aber zu privaten Zwecken. Dazu gehört die Beantwortung von E-Mails ebenso wie die späte Online-Bestellung, der Check der Geschehnisse in den sozialen Medien oder der Konsum von Serien auf dem Laptop. Zu der Aufregung, die damit verbunden sein kann, kommt noch, dass das blaue Licht die Melatoninproduktion hemmt. So verstärken sich die schlafhemmenden Faktoren.

Eine Untersuchung der Techniker Krankenkasse ermittelte die Hauptstressfaktoren im Job. So klagen

- 64 % über zu viel Arbeit
- 59 % über Termindruck und Hetze
- 39 % über Informationsüberflutung und E-Mails

Aber der Stress entsteht nicht nur während der Arbeitszeit, sondern beruflicher und privater Stress tragen etwa gleich viel zu Schlafproblemen bei.

Besonders groß ist der Stress, wenn Familie und Beruf unter einen Hut gebracht werden müssen. Während Frauen und Männer beruflichen Stress gleich oft als Schlafstörer identifizieren, grübeln Frauen öfter über private und familiäre Sorgen. Dazu passt, dass Frauen deutlich häufiger als Männer ihre höheren Ansprüche an sich selbst und das perfekte „Wuppen" von Familie und Beruf als belastend angeben.

Schlafstörungen liegen auf Platz drei bei den gesundheitlichen Stressfolgen hinter Verspannungen/Rückenschmerzen und Erschöpfung, wobei diese Folgeerscheinungen oft einander bedingen.

Leicht entsteht ein Teufelskreis

Stress – Schlafprobleme – sinkende Leistungsfähigkeit – weiterer Stress – anhaltende Schlafprobleme – Erschöpfung – und am Ende kann ein Burnout stehen.

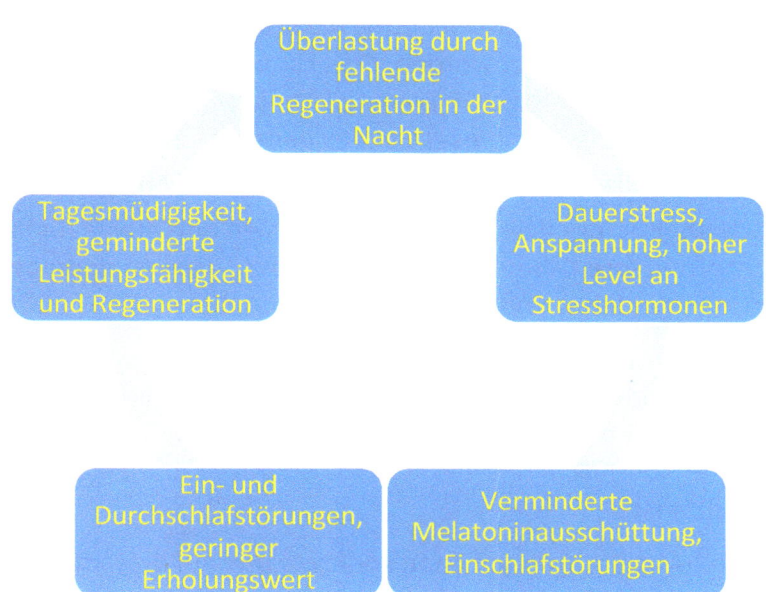

Wirksame Stressprävention und Stressbekämpfung setzt auf zwei Ebenen an: auf der Verhaltensebene des einzelnen Mitarbeiters und auf der Ebene der Arbeitsbedingungen und des Arbeitsumfeldes. Sinnvoll ist, wenn der Mitarbeiter im Rahmen der betrieblichen Gesundheitsförderung auch Unterstützung erhält, die verhaltens- und lebensstilbedingten Stressfaktoren zu erkennen, natürliche Strategien zur Prävention kennen zu lernen und anzuwenden, um den Teufelskreis von Stress und Schlafstörung zu durchbrechen. Ein gutes Stressmanagement ist deshalb immer auch ein Schlafförderer.

Wie können Beschäftigte durch betriebliche Gesundheitsförderung (BGF) zu besserem Schlaf finden?

Zunächst einmal gilt es zu erkennen, dass der Nachtschlaf zwar in der Privatsphäre des Mitarbeiters stattfindet, die Auswirkungen eines gestörten Schlafes jedoch alle Lebensbereiche betreffen. Dazu kommt die Verknüpfung von Stress mit der Schlafqualität.

Diese Zusammenhänge müssen deutlich gemacht und Unternehmer und Mitarbeiter dafür sensibilisiert werden. Dies kann bei Vorträgen oder Workshops durch einen kompetenten BGF-Dienstleister geschehen. Inhalte sind hier neben den unter Schritt eins dieses Buches genannten Themen auch die Wechselwirkungen zwischen (beruflichem) Stress und Schlafstörungen.

Die Beschäftigten, die sich angesprochen fühlen und etwas für ihren erholsamen Schlaf und ihre Lebensbalance tun wollen, werden dann bei den nächsten Schritten begleitet und unterstützt.

Der zweite Schritt kann je nach dem individuellen Bedarf ein Anamnese-Fragebogen und ein Schlafprotokoll sein. Eine Aufzeichnung des Schlafverlaufs mit einem Sensor bringt weitere Klarheit über die objektive Schlafqualität, die nicht immer identisch mit der subjektiv empfundenen Schlafmenge und Schlafqualität ist.

Nach der ist-Analyse, können dann konkrete und auf die individuelle Situation zugeschnittene Maßnahmen umgesetzt werden, wie sie auch unter Schritt drei dieses Buches beschrieben werden.

Die Begleitung und Unterstützung im Rahmen des BGF erfolgt durch Online-Tools, Einzelgespräche mit dem Schlafberater, angeleitete Gruppenübungen zum Beispiel zu den Themen Entspannung, Achtsamkeit, Stressmanagement und Stärkung der persönlichen Ressourcen oder Training der Entspannungsfähigkeit durch ein HRV-Biofeedbacktraining. Die in den Gruppenübungen erlernten Fähigkeiten sollten auch längerfristig vom Beschäftigten in Eigenregie durchgeführt werden können.

Besonders wirksam ist die Kombination von individuellen verhaltenspräventiven mit verhältnispräventiven Maßnahmen am Arbeitsplatz. So hat zum Beispiel die Beleuchtung am Arbeitsplatz Einfluss auf den zirkadianen Rhythmus des dort arbeitenden Menschen. Viele Beschäftigte wünschen sich einen Ruheraum im Unternehmen, der auch für einen kurzen Mittagsschlaf genutzt werden kann.

Schichtarbeit – ein Schlafkiller?

Auch wenn Schichtarbeit heute in vielen Lebensbereichen unverzichtbar ist, so ist dennoch der menschliche Biorhythmus nicht darauf eingestellt und kann sich nicht oder nur schwer an die veränderten Schlaf-Wach-Zeiten anpassen. Etwa 20 % der Erwerbstätigen in den Industrieländern arbeiten außerhalb der traditionellen Arbeitszeiten und müssen schlafen, wenn der Organismus auf wach sein eingestellt ist.

Insbesondere Nachtschichtarbeiter leben gegen ihre innere Uhr. Sie müssen sich nicht nur dem unnatürlichen Rhythmus anpassen, sie schlafen meistens auch weniger, weil Lärm, Tageslicht und höhere Raumtemperaturen häufige Störfaktoren für den Schlaf am Tage sind. Durch mangelnde Schlafmenge und Schlafqualität am Tage und die Störung des zirkadianen Rhythmus` kann sich der Stoffwechsel verändern und das Risiko für Übergewicht und erhöhten Blutzuckerspiegel steigen.

Im Sinne der Gesundheitsförderung in der Arbeitswelt gibt es zwei Ansätze, die gesundheitsgefährdenden Auswirkungen der Schichtarbeit soweit wie möglich einzudämmen:

1. Anpassung des Lebensstils beim betroffenen Mitarbeiter

2. Arbeitsplatz- und Schichtplangestaltung durch den Arbeitgeber

Tipps für Schichtarbeiter

Der Chronotyp spielt eine große Rolle dabei, welche Schichten besser oder weniger gut weggesteckt werden. Gehören Sie zum Spättyp „Eule", so fallen Ihnen Spät- und Nachtschichten weniger schwer. Gehören Sie dagegen zum Frühtyp „Lerche", so fällt Ihnen zwar die Frühschicht leichter, die Spät- und Nachtschicht jedoch umso schwerer.

Schaffen Sie Akzeptanz für Ihre Arbeits- und Schlafzeiten. Dazu gehört, dass die Familie mitspielt, dass der Nachbar nicht gerade am Vormittag den Rasen mäht oder den Laubbläser betätigt, wenn Sie nach der Nachtschicht schlafen müssen.

Schlafexperten empfehlen, den Tagesschlaf in zwei Phasen aufzuteilen: Die Hauptschlafphase sollte unmittelbar nach Schichtende erfolgen und mindestens vier Stunden dauern, also etwa drei komplette Schlafzyklen umfassen.

Die zweite Phase erfolgt dann am späten Nachmittag oder frühen Abend, bevor die nächste Nachtschicht beginnt und sollte idealerweise noch einmal drei Stunden dauern. So kommen Sie auf vier bis fünf komplette Schlafzyklen.

Sorgen Sie dafür, dass der Schlafraum möglichst kühl ist und gut abgedunkelt werden kann. Falls das Licht stört, tragen Sie eine weiche Schlafbrille. Schalten Sie, wenn möglich, das Telefon ab. Deaktivieren Sie die Türklingel, denn Paketzusteller neigen dazu, alle Klingeln zu betätigen in der Hoffnung, dass ein Bewohner die Tür öffnet.

Setzen Sie sich in der Früh möglichst nicht dem hellen Sonnenlicht aus oder tragen Sie auf dem Nachhauseweg eine Sonnenbrille, da Tageslicht eine anregende Wirkung auf die innere Uhr hat.

Nehmen Sie vor der ersten Tagesschlafphase nur ein kleines Frühstück ohne aktivierende Getränke zu sich. Die Hauptmahlzeit erfolgt dann am Mittag, nach dem Aufwachen. Nehmen Sie diese Mahlzeit, wenn möglich, in Ruhe mit Ihrer Familie ein. Planen Sie danach Familienzeit oder andere soziale Aktivitäten ein. Auch der Aufenthalt im Freien, verbunden mit Bewegung, ist wichtig. Die richtige Zeit also für Gartenarbeit, eine Radtour mit den Kindern oder Freunden (sofern diese nicht bei der Arbeit sind), ein Besuch im Schwimmbad oder Fitness-Studio oder einen ausgedehnten Spaziergang.

Bemessen Sie die Zeit Ihrer zweiten Schlafphase so, dass Sie vor dem Start zur Nachtschicht noch eine leichte Mahlzeit einnehmen können.

Nachts ist das Verdauungssystem nicht auf schwere Mahlzeiten vorbereitet. Nehmen Sie deshalb nur eine leichte Mahlzeit etwa zwischen 24 und 1 Uhr zu sich, um die Energiespeicher zu füllen, bevor das erste nächtliche Leistungstief beginnt. Geeignet sind zum Beispiel gedünstetes Gemüse oder ein Sandwich mit Salat und gegrilltem Fisch oder Fleisch. Meiden Sie Insbesondere in der zweiten Nachthälfte Wach- und Muntermacher wie Kaffee oder Tee, um den Schlaf am Morgen nicht zu gefährden.

In den frühen Morgenstunden zwischen 4 und 5 Uhr hilft eine kleine Zwischenmahlzeit, das Leistungstief abzumildern. Geeignet sind zum Beispiel ein Müsliriegel, Joghurt oder eine Suppe.

Tipps für Arbeitgeber

Durch ergonomischer gestaltete Schichtpläne können die negativen Auswirkungen des Schichtdienstes für die Beschäftigten abgemildert werden. Für die chronobiologischen Rhythmen sind vorwärts rollierende Schichten, also Frühdienst – Spätdienst - Nachtdienst verträglicher. Dabei sollten zwischen den Schichten mindestens 24 Stunden Pause liegen.

Bei Wechselschichten sollten nur drei aufeinanderfolgenden Nachtschichten eingeplant werden. Ein größerer Freizeitblock ist besser als einzelne freie Tage.

Wird die Nachtarbeit vorwiegend am Schreibtisch geleistet, so kann eine Tageslichtlampe die Wachheit verbessern und den Zeitpunkt des stärksten Schlafbedürfnisses in den Vormittag verschieben.

Und nicht zuletzt gilt bei allen Maßnahmen der betrieblichen Gesundheitsförderung: Führungskräfte gehen mit gutem Beispiel voran und räumen auch dem Schlaf die wichtige Rolle ein, die er für Gesundheit und Wohlbefinden aller Menschen spielt. Dazu gehört auch das Überdenken des Dogmas der ständigen Erreichbarkeit.

Weitere Informationen zu Beratungsmöglichkeiten, Webinar-, Vortrags- und Workshopangeboten zum Thema Schlaf in der betrieblichen Gesundheitsförderung können bei Ulrike Jung kostenlos unter info(at)vita-pad.de unter dem Stichwort „Vitalkonzept Schlaf" angefordert werden.

Resümee

Sie haben nun einiges über das wichtige Drittel unseres Lebens erfahren. Wenn Sie bereits Schritt zwei durchgeführt haben und zum Experten in eigener Sache geworden sind, haben Sie sicher bei der Auswertung Ihrer Tages- und Nachtprotokolle bereits Hinweise gefunden, welche Gewohnheiten und Verhaltensweisen Ihrem Schlaf guttun und welche sich negativ auf Ihre Schlafqualität auswirken.

Haben Sie schon den einen oder anderen Tipp aus den natürlichen Strategien für erholsamen Schlaf umgesetzt? Was hat sich für Sie verbessert? Wo könnten Sie noch ansetzen, um wirklich den besten Schlaf Ihres Lebens zu genießen?

Aber bedenken Sie auch, je mehr man den Schlaf erzwingen will, desto eher bleibt er fern. **Gelassenheit und Entspannung sind die besten Verbündeten für erholsamen Schlaf.**

Dieses Buch erhebt nicht den Anspruch, alle Fragen zum Schlaf umfassend zu beantworten, sondern mir liegt am Herzen, Sie für den Schlaf, als Geschenk der Natur, zu begeistern und mit konkreten Tipps Ihre persönliche Schlafgesundheit zu verbessern.

Sollten Sie noch Fragen haben oder Ihre Erfahrungen mit Tipps aus diesem Buch mit mir teilen wollen, so dürfen Sie sich gerne an mich wenden.

Kommen Sie nach einer erholsamen Nacht frisch und energiegeladen in den Tag.

Das wünscht Ihnen

Ihre

Ulrike Jung

Für weiterführende Recherchen im Internet

www.dgsm.de — Die Seite der Deutschen Gesellschaft für Schlafforschung und Schlafmedizin

www.dags.de — Akademie für Gesundheit und Schlaf, interessante Links und Informationen

www.restless-legs.org — Deutsche Restless-Legs Vereinigung

www.schlafonaut.de — Berichte zu getesteten Produkten rund um den Schlaf und die Bettausstattung

www.schlafkampagne.de — Das Schlafportal mit Informationen und Kaufempfehlungen zum Schlafen, Liegen Entspannen

www.schlafgestoert.de — Informationsangebot von Schlafmedizinern

www.schlafmedizin.de — Universitäres Schlafmedizinisches Zentrum Regensburg

www.healthon.de — Informations- und Bewertungsplattform für Health-Apps von Dr. Ursula Kramer, mit App-Checkliste

www.grounded.com — What ist earthing (nur Englisch verfügbar)

www.calm.com — Deutsche Seite zur Achtsamkeits-App Calm

www.justgetflux.com — Programm zur Anpassung des Bildschirms an die Tageszeit; frei zum persönlichen Gebrauch

www.somnodiary.de — Online Schlaftagebuch, App für 7 Tage kostenlos

www.chronobiologie.com — Wissenswertes zur Chronobiologie

www.schlafmedizin.at — Österreichische Gesellschaft für Schlafmedizin und Schlafforschung

www.bsd-selbsthilfe.de — Bundesverband Schlafapnoe und Schlafstörungen Deutschland e. V.

www.dak.de	DAK-Gesundheitsreport 2017: Analyse der Arbeitsunfähigkeitsdaten. Update: Schlafstörungen
www.dasschlafmagazin.de	Das Schlafmagazin erscheint viermal im Jahr und richtet sich an Menschen, die mehr über ihren Schlaf erfahren wollen
www.ifado.de	Leibniz Institut für Arbeitsforschung der TU Dortmund, Fragebogen zum Chronotyp, der zur Auswertung eingesandt werden kann
www.pfalzklinikum.de	Akademie für gesunden Schlaf am Pfalzklinikum;
www.ak-schlafmedizin.de	hier werden auch Schlafseminare und Fortbildungen in Schlafmedizin durchgeführt
www.vita-pad.de	Die Seite von Ulrike Jung mit Blogbeiträgen zum Schlaf, Webinar-, Seminar- und vortragsangebote
www.burnoutnetzwerk.de	Netzwerk von Experten zur Prävention und besseren Bewältigung von Stress

Anhang I zur Chronobiologie – Teil 1

Jede Körperfunktion hat ihre ideale Zeit

Im Normalfall nehmen wir unsere inneren Uhren kaum wahr. Erst wenn wir gegen unseren eigenen chronobiologischen Rhythmus arbeiten, bekommen wir die Auswirkungen zu spüren.

Wo liegt nun unsere innere Uhr und wie arbeitet sie? Der Dirigent unserer inneren Uhren liegt im Hypothalamus über der Kreuzung der Sehnerven. Diese etwa stecknadelgroße Traube von Nervenzellen nennt man suprachiasmatischer Nucleus (SCN). Die vom Auge wahrgenommenen Lichtreize (hell, dunkel) werden dort verarbeitet und zur Zirbeldrüse weitergeleitet. Das System aus SCN und Zirbeldrüse beeinflusst durch die Ausschüttung von Hormonen (zum Beispiel Serotonin und Melatonin) unter anderem die Körpertemperatur, den Blutdruck und den Stoffwechsel.

Die Inneren Uhren, unterstützt durch die Zeitgeber Licht, Essen und soziale Kontakte, weisen jedem Organ seinen Leistungsplan im Rahmen der zirkadianen Rhythmik zu. Die Funktionen der Organsysteme werden so ideal aufeinander abgestimmt. Je nach Chronotyp (Eule oder Lerche) und individuellen Zeitgebern können diese Zeiten geringfügig abweichen. Der Zeitplan ermöglicht jedoch einen sehr guten Abgleich, ob Ihr Lebensstil im Einklang mit Ihren Inneren Uhren steht. Oft sind nur kleine Korrekturen nötig, um die Balance wiederherzustellen. Diese Korrekturen können jedoch große Auswirkungen auf Vitalität, Leistungsfähigkeit und Stoffwechsel haben.

Ab 6 Uhr	Der Körper erhält Signale für den Start in den Tag. Der Kreislauf kommt in Gang. Kortisol- und Blutzuckerspiegel steigen, während die Melatoninausschüttung versiegt. Der Herzschlag wird beschleunigt und der Blutdruck steigt an. Sexualhormone werden vermehrt ausgeschüttet. Zwischen 6 Uhr und 8 Uhr rüsten sich viele berufstätige Menschen für den Arbeitstag.
Gegen 8 Uhr	An arbeitsfreien Tagen steht der Durchschnittsmensch jetzt auf. Der schnelle Anstieg von Körpertemperatur und Blutdruck lässt die Müdigkeit auch ohne Wecker weichen.
8 Uhr bis 10 Uhr	Puls und Blutdruck erreichen ihren Höhepunkt (sollte bei Messungen immer berücksichtigt werden). Für Migränepatienten ist jetzt die Gefahr besonders groß, einen Migräneanfall zu erleiden. Die Leistungskurve steigt an und alle Systeme stehen auf „grün"
10 Uhr bis 12 Uhr	Die beste Zeit für hochproduktives Arbeiten und schwierige Denkaufgaben. Das Gehirn ist gut durchblutet, das Kurzzeitgedächtnis ist in Hochform. Leistungsfördernde Botenstoffe wie Adrenalin und Serotonin werden ausgeschüttet.
12 Uhr bis 13 Uhr	Der Hunger meldet sich. Der Magen produziert verstärkt Magensäure und die Leber stellt Verdauungsenzyme bereit. Der richtige Zeitpunkt für die Mittagsmahlzeit mit anschließender kleiner Ruhepause.
13 Uhr bis 14 Uhr	Das Mittagstief erfordert eine Ruhepause. Aufmerksamkeit, Blutdruck und Leistungsbereitschaft sinken ab. Eine kleine Siesta, Entspannungsübungen oder ein kurzer Spaziergang wären jetzt gut.
14 Uhr bis 18 Uhr	Der zweite Leistungsgipfel des Tages. Koordinations- und Reaktionsvermögen liegen deutlich über dem Tagesdurchschnitt. Diese Zeit ist also gleichermaßen für geistige wie körperliche Arbeit ideal. Gleichzeitig ist das Schmerzempfinden gegen 15 Uhr besonders niedrig. Ein guter Zeitpunkt für einen schmerzhaften Zahnarzttermin.

18 Uhr bis 19 Uhr	Körpertemperatur, Atemfrequenz und Blutdruck sind jetzt am höchsten. Jetzt ist eine gute Zeit für sportliche Aktivitäten. Der Feierabenddrink sollte aber noch warten, denn die Leber ist eher gering durchblutet.
20 Uhr	Der Magen produziert verstärkt Magensäure. Der Körper bereitet sich auf die nächtliche Ruhepause vor. Spätestens jetzt sollte die letzte Mahlzeit des Tages verzehrt sein.
20 Uhr bis 22 Uhr	Die Melatoninausschüttung beginnt, Körper- und Verdauungsfunktionen nehmen ab. Der Körper ist auf Entspannung eingestellt. Je länger es im Sommer draußen hell ist, desto später startet die Melatoninproduktion. Die Schmerzempfindlichkeit ist besonders hoch.
22 Uhr bis 24 Uhr	Zeit zum Schlafengehen. Wer jetzt noch mit einem hellen Bildschirm arbeitet, behindert die Melatoninausschüttung. Die Produktion von Adrenalin lässt nach, Herzschlag, Atmung und Körpertemperatur werden heruntergefahren. In der 1. Nachtschlafhälfte treten vermehrt Tiefschlafphasen auf. Im Tiefschlaf werden Wachstumshormone ausgeschüttet, die Zellen regenerieren sich und das Immunsystem wird gestärkt. Die erste Nachtschlafhälfte muss nicht zwingend vor Mitternacht liegen.
3 Uhr bis 4 Uhr	Alle Körperfunktionen laufen auf Sparflamme. Temperatur, Puls, Blutdruck und Atemfrequenz sind am niedrigsten. Die Leistungsfähigkeit hat ihren Tiefpunkt erreicht
5 Uhr bis 6 Uhr	Das Aufwachen wird vorbereitet und der Schlaf wird leichter. Die Ausschüttung von Botenstoffen wie Kortisol oder Katecholaminen beginnt. Die Urinproduktion läuft auf Hochtouren.

Sind Sie eine Eule oder eine Lerche?

Finden Sie heraus, ob Sie Sie ein Frühtyp, ein Spättyp oder eher der mitteleuropäische Normaltyp sind mit Tendenz zum Früh- oder Spättyp.

Die Aussagen in den zwei Frageblöcken bezeichnen jeweils charakteristische Verhaltensweisen für Eulen und Lerchen. Finden überwiegend die Fragen im Block 1 Ihre Zustimmung, so sind Sie eine Lerche. Je geringer der Unterschied in der Zustimmung ist, Sie also einigen Aussagen in beiden Blöcken zustimmen, umso ausgeglichener ist Ihr Chronotyp.

Block 1:

- Ich wache auch ohne Wecker früh auf und das Aufstehen fällt mir leicht.

- Auch an freien Tagen stehe ich etwa zur gleichen Zeit auf wie an Arbeitstagen.

- Gleich nach dem Aufstehen bin ich hellwach und habe meistens gute Laune.

- Ich habe in der ersten halben Stunde nach dem Aufstehen Appetit und brauche ein gutes Frühstück.

- Ein früher Arbeitsbeginn fällt mir leicht.

- Am Vormittag bin ich besonders leistungsfähig.

- Morgens trainiere ich lieber und besser als am Abend.

- Am Abend werde ich schon ab 21 Uhr langsam müde.

- Ich gehe gerne vor 23 Uhr ins Bett und verzichte dafür schon einmal aufs Ausgehen.

Block 2:

- Morgens komme ich schwer aus dem Bett und brauche einen Wecker.

- Am Wochenende und wenn ich keine Verpflichtungen habe stehe ich deutlich später auf als an Arbeitstagen.

- Direkt nach dem Aufstehen bin ich eher muffelig und habe keine Lust auf Unterhaltung.

- In der ersten Stunde nach dem Aufstehen habe ich wenig Appetit und gehe öfter ohne Frühstück aus dem Hause.

- Ein früher Arbeitsbeginn kostet mich Überwindung und ich muss mich erst „warmlaufen".

- Am Nachmittag und Abend bin ich besonders leistungsfähig und kreativ.

- Wenn ich Sport treibe, dann lieber am Abend.

- Abends gehe ich auch an Wochentagen gerne aus.

- Am liebsten würde ich nicht vor 24 Uhr ins Bett gehen.

Anhang II – Schlafprotokoll

Schlafprotokoll von Herrn/Frau: ....

Woche vom .... bis ....

	Beispiel	MO	DI	MI	DO	FR	SA	SO
ABENDPROTOKOLL (vor dem Lichtlöschen)								
1. Wie ist Ihre Stimmung jetzt? (1: sehr gut ... 6: sehr schlecht)	3							
2. Wie leicht/schwer fiel es Ihnen heute, Leistungen (Beruf, Freizeit, Haushalt) zu erbringen? (1: sehr leicht ... 6: sehr schwer)	3							
3. Haben Sie heute tagsüber geschlafen? Falls ja, geben Sie an, wann und wie lange insgesamt:	14:00 / 30 Min							
4. Haben Sie in den letzten 4 Stunden Alkohol zu sich genommen? Falls ja, was und wie viel?	3 Glas Wein							
5. Wie frisch/müde fühlen Sie sich jetzt? (1: sehr frisch ... 6: sehr müde)	3							
6. Wann sind Sie zu Bett gegangen?	22:30							
MORGENPROTOKOLL (nach dem Aufstehen)	Beispiel	DI	MI	DO	FR	SA	SO	MO
7. Wie frisch/müde fühlen Sie sich jetzt? (1: sehr frisch ... 6: sehr müde)	3							
8. Wie ist Ihre Stimmung jetzt? (1: sehr gut ... 6: sehr schlecht)	3							
9. Wann haben Sie gestern das Licht ausgemacht?	23:00							
10. Wie lange hat es nach dem Licht löschen gedauert, bis Sie einschliefen? (Min)	40							
11. Waren Sie nachts wach? Wie oft?	2x							
Wie lange insgesamt? (Min)	30							
12. Wann sind Sie endgültig aufgewacht?	6:30							
13. Wie lange haben Sie insgesamt geschlafen? (Angabe in Stunden und Minuten)	6:40							
14. Wann sind Sie endgültig aufgestanden?	7:00							
15. Haben Sie seit gestern Abend Medikamente zum Schlafen genommen? (Präparat, Dosis, Uhrzeit)	½ XXX 22:30							

Anleitung zum Ausfüllen der Schlafprotokolle

Bitte vor der Erstbearbeitung lesen

Sie wollen endlich wieder gut schlafen und starten jetzt mit **Schritt zwei** auf Ihrem Weg zum erholsamen Schlaf. Werden Sie zum Experten in eigener Sache und lernen Sie Ihren Schlaf besser kennen. Führen Sie Ihr Schlafprotokoll über einen Zeitraum von 14 Tagen. Sie können an jedem beliebigen Tag beginnen. Der Zeitraum sollte allerdings einen für Ihren Alltag typischen Zeitraum repräsentieren, also nicht gerade im Urlaub oder an Feiertagen liegen. Auch wenn Sie gerade eine akute Erkrankung durchleiden, wie Grippe, Bronchitis oder eine Magen-Darm-Verstimmung, dann ist das kein geeigneter Startzeitpunkt.

Das Protokoll ist so aufgebaut, dass Sie jeweils eine ganze Woche im Überblick sehen. Die Wochentage können Sie umbenennen, wenn Sie nicht an einem Montag mit den Eintragungen beginnen.

Beginnen Sie am ersten Abend, indem Sie die erste Spalte des Abendprotokolls vor dem Löschen des Lichtes ausfüllen (Fragen 1–6). Am nächsten Morgen beginnen Sie gleich nach dem Aufstehen mit dem Ausfüllen des Morgenprotokolls in derselben Spalte und beantworten die Fragen 7–15. Positionieren Sie das Protokoll mit einem Schreibgerät auf Ihrem Nachttisch. Je mehr Zeit zwischen dem Aufstehen und Ihren Aufzeichnungen vergeht, umso weniger aussagekräftig sind die Eintragungen, da Eindrücke der Nacht sehr schnell von Tagesaktivitäten überlagert werden.

Mit Ausnahme der Zubettgehzeit (Frage 6) und der Aufstehzeit (Frage 14) benötigen Sie keine Uhr. Wichtig sind Ihre **subjektiven** Einschätzungen zu den einzelnen Fragen. So sollen Sie die Zeit bis zum Einschlafen ebenso wie die nächtlichen Wachliegezeiten und die Gesamtschlafdauer lediglich schätzen. **Schauen Sie deshalb nachts nicht auf die Uhr.** Machen Sie sich keine Gedanken darüber, ob Ihre Einschätzungen absolut korrekt sind. Wichtig ist allein Ihr subjektiver Eindruck und nicht die minutengenaue Dauer. Das Schlafprotokoll und die Empfehlungen dazu entsprechen dem von der Deutschen Gesellschaft für Schlafmedizin und Schlafforschung (DGSM) entwickelten Vorgehen.

Bei mehreren Fragen (Fragen 1,2,5 und 8) werden Sie um eine Einschätzung Ihrer Müdigkeit oder Stimmung gebeten. Richten Sie sich bei der Beantwortung nach dem Schulnotensystem: zum Beispiel 1 = sehr wach/frisch: 6 = sehr müde/sehr schlecht. Wenn Sie dazu weitere Erklärungen hinterlegen wollen, so können Sie dies auf dem Begleitbogen tun, der dann zum Bestandteil des Schlafprotokolls wird.

Bei Frage 15 werden Sie gebeten, die Medikamente einzutragen, die Sie am Abend zuvor oder in der Nacht zum Schlafen genommen haben. Wenn Sie regelmäßig das gleiche Medikament einnehmen, genügt in den Folgespalten die jeweilige Dosis. Sollten Sie weitere Medikamente einnehmen, ohne direkten Bezug zum Schlaf, so vermerken Sie diese ebenfalls auf dem Begleitbogen, da verschiedene Medikamente durchaus indirekte Auswirkungen auf den Schlaf haben können.

Das Schlafprotokoll mit dem Beiblatt ist eine wichtige Unterlage für Ihr Gespräch mit dem Schlafexperten. Sie können aber auch selbst schon gute Ansatzpunkte zum Umsetzen natürlicher Strategien für besseren Schlaf erkennen und aktiv werden.

Beiblatt zum Schlafprotokoll vom __.__.____ bis __.__.____

Weitere wichtige Ereignisse/Vorkommnisse/Entdeckungen/Ergänzungen zum Schlafprotokoll, bitte jeweils mit Datum notieren:

Dazu können gehören: Unternehmungen am Tage und am Abend, Familienereignisse, besondere Ereignisse am Arbeitsplatz, Besuch, Nachrichten, über die Sie sich aufgeregt haben, ein schnarchender Partner, sportliches Training möglichst mit Uhrzeit, Medikamente und Nahrungsergänzungen, die Sie eingenommen haben oder auch natürliche Strategien für besseren Schlaf, die Sie während der 14 Tage bereits eingesetzt haben.

_____

_____

_____

_____

_____

_____

Anleitung zur Berechnung der Schlafeffizienz jeweils für 7 Tage

Übertragen Sie aus den Schlafprotokollen folgende Angaben:

1. Ihre subjektiv eingeschätzte Schlafdauer (Frage 13) für jeden Tag der Woche und zwar in Minuten. Berechnen Sie dann die Summe und teilen Sie diese durch 7. Notieren Sie das Ergebnis im unteren Kästchen

2. Ihre Bettliegezeit, das heißt die im Bett verbrachte Gesamtzeit und zwar ebenfalls in Minuten. Hierfür müssen Sie die Differenz zwischen der endgültigen Aufstehzeit (Frage 14) und dem Zeitpunkt, an dem Sie ins Bett gegangen sind (Frage 6) für jeden Tag der Woche berechnen. Ein Beispiel: Wenn Sie um 23:30 Uhr zu Bett gegangen sind und um 7:10 Uhr aufgestanden sind, dann ergibt sich für diesen Tag eine Bettliegezeit von 460 Minuten. Berechnen Sie dann anschließend für alle 7 Tage die Summe und teilen Sie diese durch 7. Tragen Sie das Ergebnis in das untere Kästchen ein.

Schlafdauer:	Bettliegezeit:
Summe:	Summe:
: 7 = _____	:7 = _____

3. Berechnen Sie nun Ihre Schlafeffizienz der gesamten Woche, indem Sie die durchschnittliche Schlafdauer mit 100 multiplizieren und durch die durchschnittliche Bettliegezeit teilen. Sie bekommen so den prozentualen Anteil an der Bettliegezeit, die Sie auch tatsächlich geschlafen haben. Dieser Prozentsatz sollte über 80 % liegen. Liegt das Ergebnis darunter, können Sie in Erwägung ziehen, Punkt 20 der natürlichen Strategien – Bettzeitbegrenzung – auszuprobieren.

$$\text{Schlafeffizienz} = \frac{\text{Schlafdauer x 100}}{\text{Bettliegezeit}} = \underline{\quad} \%$$

Anhang III – Tageschronik; ein Blatt pro Tag

Hinweise zu Ihrer Tageschronik:

Wer in der Nacht gut schlafen will, muss auch am Tage gut leben.

Gut leben am Tage bedeutet, dass Ihr Tagesablauf im Einklang mit Ihrem eigenen biologischen Rhythmus steht, denn der Schlaf-Wachrhythmus fordert auch am Tage sein Recht. Wie weit berücksichtigt Ihre Tagesstruktur, ob Sie ein Früh- oder Spättyp sind? Welche Stressoren, inneren und äußeren Zwänge, Zeiträuber oder auch selbstschädigende Gewohnheiten haben sich über die Zeit eingeschlichen? Vielleicht ist schon einiges so selbstverständlich geworden, dass Sie es nicht mehr als störend wahrnehmen. Das Aufschreiben in Ihrer Tageschronik macht Ihnen diese Störungen eines „schlaffreundlichen" Tages wieder bewusst.

Gut leben am Tage bedeutet nicht, dass Sie auch am Tage ständig an den Schlaf der kommenden Nacht denken, dass Sie sich von vorneherein einschränken und vielleicht einer Abendeinladung nicht folgen, weil das späte Abendessen und Nachhause kommen Ihren Schlaf stören könnte. Ausnahmen und besondere Erlebnisse gehören zum guten Leben und runden es ab.

Deshalb empfehle ich Ihnen auch, die Tageschronik, ebenso wie Ihr Schlafprotokoll über 14 Tage zu führen, damit Ausnahmen mit ihrer Auswirkung auf den Nachtschlaf auch als solche erkennbar sind. Versuchen Sie, auch nach einer kürzeren Nacht, am Morgen zur gewohnten Zeit aufzustehen, um wieder in Ihren gewohnten Rhythmus einzuschwingen.

Bereits nach einigen Tagen werden Sie, wenn Sie Ihre Tages- und Nachtprotokolle anschauen, Zusammenhänge zwischen den Tagesgeschehnissen und Ihrer Schlafqualität erkennen und können vielleicht schon erste kleine Veränderungen testen.

Die folgende Tageschronik beinhaltet die Punkte, die bei vielen Menschen deutliche Auswirkungen auf den Schlaf-Wach-Rhythmus und die Schlafqualität haben. Sie können aber weitere Punkte hinzufügen oder auch Ihre ganz individuelle Tageschronik gestalten. Wichtig ist immer die schriftliche Dokumentation.

Meine Tageschronik vom: _____

Mein Start in den Tag:

Beispiele: Griff zum Smartphone noch im Bett, Morgengymnastik, Wechselduschen, Frühstück 30 Minuten

_____

_____

Mein Lichtkonto:

Aufenthalt im Freien (Minuten gesamt und zu welcher Tageszeit), Bewegung draußen. Wie war das Wetter?

_____

_____

Mein Arbeitstag:

Stresssituationen und meine Reaktion darauf. Wie sehr hat mich das Stresserlebnis belastet? Wen habe ich heute gelobt oder wem einen Gefallen getan? Was habe ich zur Entspannung während des Arbeitstages unternommen? Überstunden? Gab es besondere Vorkommnisse positiv wie negativ?

_____

_____

Meine Freizeit:

_____

_____

_____

Mein Abendessen:

Wann, was? Begleitumstände, zum Beispiel: Essen vor dem Fernseher, mit der Familie/Freunden, zu Hause oder im Restaurant? Alkoholische Getränke?

_____

_____

Mein Tagesausklang:

Mein letzter Bildschirmkontakt (Fernseher, Smartphone, PC), alkoholische Getränke nach dem Abendessen, Tätigkeiten während der letzten 2 Stunden vor dem Zubettgehen.

_____

_____

_____

Mein Fazit für heute:

Was war heute besonders schön? Wer oder was war schwierig? Was habe ich heute geschafft? Was blieb unerledigt? Was möchte ich morgen besser/anders machen als heute? Worauf freue ich mich morgen?

_____

_____

_____

Zum Abschluss des Tages:

Am Ende des Tages bin ich oft nicht da, wo ich hinwollte, aber immer da, wo ich letztlich sein muss.   Douglas Adams, britischer Schriftsteller

Zur Einstimmung auf die Nacht:

Drei Dinge helfen, die Mühseligkeiten des Lebens zu tragen: die Hoffnung, das Lachen und der Schlaf.   Immanuel Kant

Zeitfracht Medien GmbH
Ferdinand-Jühlke-Straße 7
99095 Erfurt, Deutschland
produktsicherheit@kolibri360.de